삼성인 샐러리맨
삼성문화 대기업문화

❶ 삼성문화 편

삼성인 샐러리맨
삼성문화 대기업문화
❶ 삼성문화 편

ⓒ 장영수, 2019

개정판 1쇄 발행 2019년 9월 20일

지은이   장영수
펴낸이   이기봉
편집   좋은땅 편집팀
펴낸곳   도서출판 좋은땅
주소   서울 마포구 성지길 25 보광빌딩 2층
전화   02)374-8616~7
팩스   02)374-8614
이메일   gworldbook@naver.com
홈페이지 www.g-world.co.kr

ISBN   979-11-6435-659-1 (04330)
        979-11-6435-652-2 (04330)(세트)

이 도서의 국립중앙도서관 출판예정도서목록(CIP)은 서지정보유통지원시스템 홈페이지(http://seoji.nl.go.kr)와 국가자료공동목록시스템
(http://www.nl.go.kr/kolisnet)에서 이용하실 수 있습니다. (CIP제어번호 : CIP2019036540)

| 삼성인의 탄생, 생존 비화 |

삼성인 샐러리맨
삼성문화 대기업문화

❶ 삼성문화 편

장영수 지음

삼성에서 근무한 8년 동안 있었던 일들을 일기처럼 생생하게 기록하였다

이 글을 통해 '일벌레', '회사인간', '충성심' 등으로 대변되는 '삼성인'이 어떻게 만들어지며,
조직 내에서 생존하기 위해서 하루하루를 얼마나 치열하게 살고 있는가를 알게 될 것이다.

좋은땅

직장생활 8년 동안 한 순간도 '삼성인'으로서 자부심을 잃지 않았던 내가 이른바 IMF시대 원년인 1998년의 어려운 상황 속에서 회사를 나오게 되었고, 이렇게 대기업 조직의 생리와 샐러리맨들의 애환을 담은 책을 내게 되었다. 글이라고는 일기 한번 제대로 써 본 적이 없는 내가 한 달여 만에 책 두 권을 쓴 것을 보면 나름대로 할 말이 많았던 것 같다.

제1권 '삼성인, 삼성문화'에서는 삼성의 경쟁력에 있어서 기본이 되는 삼성문화와 삼성인에 대해서 소개하고, 이른바 일류 기업인 삼성에서도 꼭 극복해야 할 과제가 많음을 보이고자 하였다. 제2권 'IMF'에서는 IMF 구제금융 체제하에서 하나의 조직이 생존하기 위해서 어떻게 변화하였으며, 그런 상황에서 샐러리맨들의 의식세계가 얼마나 위축되는지를 그려 보았다. 올해 들어서 경기가 좋아지는 기미가 보이자 불과 1년 전의 일이 아득하게 느껴지는 듯도 한 모양이지만 1998년의 모든 상황은 앞날을 위해서라도 기록으로 남겨 두어야겠다는 생각이 들었다. 내가 겪었던 일들은 아마 대한민국의 모든 샐러리맨들이 공통적으로 경험하고 느끼는 일이겠기 때문이다.

▍왜 '삼성'인가?

많은 대기업 중에서도 하필이면 왜 '삼성'인가 하는 의문에 대해서는 먼저 글을 쓴 내가 삼성에서 일을 하다가 나온 사람이라는 점을 숨길 수 없다. 그동안 많은 사람들이 삼성에 대해서 이야기하는 것을 들어왔다. 그리고 '삼성인'은 대체 어떻게 만들어지기에 그렇게 조직에 순응하는지 궁금해하는 것을 많이 보아 왔다. 그러나 사람들은 정작 삼성의 참모습에 대해서는 너무도 모르고 있다. '삼성은 세계적인 경쟁력을 가진 기업이다.' '자기들만이 무엇이든지 잘할 수 있다고 믿는 독선적인 기업이다.' 등의 의견으로 나뉘어 왈가왈부하지만 조금만 깊이 들어가면 삼성이 진짜 경쟁력을 가지고 있는지, 무엇이 문제인지에 대해서 아무것도 말하지 못한다. 이러한 세간의 궁금증을 풀어주는 데 있어 8년간의 삼성생활이 그리 부족한 시간은 아니리라고 믿는다.

▍일상의 작은 일이 소중한 것

이 글은 거창한 이론을 바탕으로 하지도 않았고, 화려한 문장력이 뒷받침된 것도 아니다. '나'라고 하는 평범한 한 개인이 그동안 보고 듣고 경험했던 일, 동료들이 고민하던 일들을 있는 그대로 옮겼을 뿐이다. 그러면서도 내가 이 글에 대해서 자부심을 가지고 있는 까닭은 작은 것들을 모아 놓은 것이 오히려 많은 사람들의 공감과 큰 변화를 이끌어 낼 수 있는 저력을 가지고 있다고 믿기 때문이다. '대기업 병'이라는 것도 그저 관념적인 이론이나 우리의 현실과는 거리가 있는 외국의 사례들로 접근한다면 그것을 자신의 일로 실감하고 자신의 일상생활로 인식하기가 힘들다. 그동안 조직이 이렇게 저렇게 변해야 한다고 큰소리치던 많은 기업의 경영자들에게 이 책이 자신과 자신의 조직이 대기업 병의 한가운데에서 헤어나지 못하고 있는 모습을 직시할 수 있는 계기가 되기를 바라는 마음 간절하다.

▌실직자들의 상처를 치유한다

또 하나는 이 시대의 수많은 실직자들에게 자신의 과거를 되돌아보게 하고, 다시 인생을 시작할 수 있는 힘을 얻기 위해서 반드시 필요한 '마음의 병을 치유'하는 데 조금이라도 도움을 주고 싶었다. 내가 그랬던 것처럼 직장을 떠난 수많은 실직자들이 게으르고, 남에게 피해를 주고, 조직에 제대로 적응하지 못해서 실직당했다는 말은 더 이상 듣지 않아야 한다. 일반 독자들은 이 책을 통해서 너무나도 평범하고, 그저 조직에 순종하는 것밖에 모르고 열심히 일해 온 사람들을 내보낸 '기업'이라는 존재도 실상은 완벽하지 못하며, 비합리적이고 부조리한 점이 많다는 사실을 알게 될 것이다.

▌삼성이 잘하는 일이 더 많아

삼성은 자타가 공인하는 국내 최고의 기업으로서 오랫동안 가장 좋은 기업 이미지를 유지해 온 것이 사실이고, 내실면에서도 많은 분야에서 경쟁력을 보유하고 있다.

　내가 몸담고 있었던 삼성생명만 하더라도 70% 이상이 바람직한 모습이고 나머지 30%에 못 미치는 부분이 반성을 필요로 하는 부분이다. 그럼에도 이 글이 주로 비판적인 시각을 견지하고 있는 것은 독자들이 이 글을 읽고 나서 국내 최고의 기업인 삼성이 이 정도로 많은 문제점들을 안고 있다면 다른 기업들도 현재의 경쟁력으로는 적자생존의 세계무대에서 살아남기 힘들고, 그것을 극복하기 위해서는 뼈를 깎는 듯한 아픔과 반성이 필요하다는 것을 알아주었으면 하고 생각했기 때문이다.

▌'비판'은 반드시 필요한 것

　'비판'이라는 것을 부정적인 시각만으로만 보지 말아야 한다. 미국에서는 대통령도 스캔들이 있으면 그것을 철저하게 파헤치고 마음껏 풍자하는 것이 가능하다. 그리고 그런 사실이 전 세계에 상세히 보도되어도 부끄럽지 않게 생각하는 국민이 더 많은 것 같다. 그런 폭로와 비판이 무슨 이득을 가져왔는가 하는 질문에는 '법 앞에서는 모두가 평등하며, 대통령이라도 예외가 될 수 없다.'라는 값진 교훈을 얻은 것만으로도 충분하다고 대답하고 싶다.

　이 책과 같이 기업에 대해서 신랄하게 비판한 글이 몇 년 전에, 몇 번이고 반복해서 나왔더라면 현재의 많은 잘못들이 발생하지 않았거나 훨씬 줄었을지도 모른다. 향후에는 'H제국' 'D왕국' 등의 제목이 달린 책들이 나오더라도 금기시하거나 특별히 관심을 끌지 않는 시대가 오기를 바란다. 앞으로는 모든 기업의 경영이 투명해야 하며, 그러기 위해서는 베일을 벗는 것을 꺼려해서는 안 된다고 본다.

▌ 모든 분들께 감사를

직장생활 8년 동안 단 한 번도 바가지를 긁지 않았고, 회사를 그만두었다는 소식을 듣고도 "함께 김밥 장사라도 하면 되겠지요. 용기를 내세요."라며 위로를 해 주었던 아내와 "네가 하고 싶다면 무슨 어려움이 있더라도 책을 출판해야지." 하고 격려해 주신 가족과 친지들, 그리고 동문과 고향 친구들 모두에게 감사의 말씀을 드린다.

마지막으로 이 글을 보고 처음에는 당황도 했겠지만 끝까지 합리적인 판단과 냉정한 자세를 잃지 않고 대응해 주신 삼성생명에 계신 분들께도 감사를 드린다. 책의 내용에 대해서는 모든 것을 독자들의 판단에 맡기고, 10년, 20년이 지나서 어떠한 평가가 나올까에 대해서도 겸허한 마음으로 기다리고자 한다.

1999년 3월 장영수

차례

제5부 버블 경영

삼성문화

정신 교육

논에 미꾸라지만 넣고 키우는 것보다 메기를 같이 넣고 키우면 살이 더 통통하게 찐다. 메기에게 잡아먹히지 않으려고 항상 긴장된 상태로 도망 다니다 보니 많이 먹어야 하고, 결과적으로 더 튼튼해진다. 사원들에게도 적당한 긴장감은 항상 필요한 것이다.

▌정신 교육

"어떻게 해서 '삼성인'이 만들어지고, 어떻게 해서 독특한 '삼성문화'가 만들어지는가?" 이 점에 대해 궁금해하는 사람들이 많은데, 내가 보기에는 크게 두 가지 요인이 있다고 본다. 하나는 '정신 교육'이고 다른 하나는 '산 경험'이 아닌가 싶다.

삼성생명에도 '제2창업' '신경영' 'TOP-PRIDE I' 'TOP-PRIDE II' '한마음 전진대회' 'NEW-WAVE' 'CHALLENGE' '삼성헌법' '질 경영' '열린 경영' '행동규범' '초관리 경영' 'V-10 활동' '현장 제안' '소그룹 제안' 등 정신 교육과 관련된 것은 매우 많다. 독자들은 이런 이름만 가지고는 이해가 잘 안 가겠지만, 그 핵심은 '현실에 안주하지 말고 더 열심히 일해서 생산성을 향상시키라.'라는 것 하나로 집약된다.

▌단골 메뉴

8년간 직장생활을 하면서 다섯 번 이상씩은 들어야 했던 교육용 이야기도 꽤 있는 듯하다. 다음과 같은 이야기들은 신입사원 연수 교육 때 듣고, 신경영 시간에 듣고, 사보에서 보고, 사내 방송에서 듣고, 정례 조회사에서 듣는 등 반복해서 들은 것들이다.

- 중생대 쥐라기에 살았던 거대한 초식 공룡 '브론토사우루스(Bronto-saurus)'는 몸집이 너무 커서 신경이 둔했다. 작은 동물이 꼬리를 물면 20초 후에야 아픔을 느꼈기 때문에 작은 동물들에게 차례차례 먹이가 되어 갔다. 삼성생명도 몸집이 너무 크다.
- 개구리를 처음부터 뜨거운 물에 넣으면 뜨거워서 뛰쳐나가지만 온도를 조금씩 올려 가면 변화를 깨닫지 못하고 가만히 있다가 죽고 만다. 우리도 변화를 깨닫고 준비해야 한다.
- 논에 미꾸라지만 넣고 키우는 것보다 메기를 같이 넣고 키우면 살이 더 통통하게 찐다. 메기에게 잡아먹히지 않으려고 항상 긴장된 상태로 도망 다니다 보니 많이 먹어야 하고, 결과적으로 더 튼튼해진다. 사원들에게도 적당한 긴장감은 항상 필요한 것이다.
- 일본에서 비행기 추락 사고가 발생했는데 그 와중에서도 추락 순간을 생생히 기록한 일본인이 있었다. 기록 문화는 중요하다. 사원들도 무엇이든지 기록하는 습관을 들여야 한다.
- 조직을 이끌어 나가는 사람은 상위 10%이고 조직에 독이 되는 사원도 10%이며 나머지 80%는 상위 10%가 리드하는 대로 이끌려 간다. 그러

므로 상위 10%가 중요하다. 그런 10%의 사람이 되도록 노력하라.

이 밖에도 이런 이야기는 무수히 많지만 지금은 일일이 다 기억하지 못한다.

▌삼성에서 싫어하는 사람

오래전에 이런 내용의 글을 읽은 적이 있다. '삼성에서 싫어하는 스타일의 사람들'이라는 제목의 글이다. 그중 일부를 간추려 보면 다음과 같다.

- 공식·비공식 행사에 참가하기 싫어하는 사람
- 자기 몸을 지나치게 아끼고 몸보신에 열중하는 사람
- 신문을 보면 정부에 불만, 회사에 오면 회사에 불만, 집에 가면 가정에 불만이 있는 사람
- 사장이나 간부의 성격을 잘 알면서도 거기에 맞추어 보려고 하지 않는 사람
- 고소·고발·투서를 잘하는 사람
- 고스톱이나 포커를 해서 남의 돈을 잘 따는 사람
- 직속 상사를 제쳐 놓고 상사의 상사와 어울리는 사람
- 술자리에 가면 신이 나서 판치는 사람
- 상사가 부르거나 지시하면 '네.'라고 크게 대답하지 않는 사람
- 동료에게 빚지고 사는 사람

- 월급이나 상여금을 고맙게 생각하지 않고 당연하다고 생각하는 사람
- 증권이나 부동산에 손을 대어 돈을 번 사람
- 처에게 부업을 시키고 있는 사람
- 여자 문제에 칠칠치 못한 사람
- 여자 사원에게 너무 인기가 있는 사람
- 타사의 스카우트 대상이 되고 있는 사람
- 보고서를 제대로 쓰지 못하는 사람
- 퇴근시간이 되자마자 자리에서 일어서는 사람
- 개인적인 일에 부하를 이용하는 사람
- 직속 부하는 무능하고 타부서 부하는 유능하다고 말하는 사람
- 상사보다 외부에서 각광을 받는 사람
- 정치에 너무 관심이 많은 사람

이상 열거한 것은 삼성인이 아니라도 명심해야 하는 말들이라고 생각한다. 그러나 지금 와서 읽어 보면 웃음이 나오는 부분도 더러 있다.

응원 하나만으로도 '삼성인'을 만든다

점심시간이 되자 비가 내리기 시작했고 5월이었지만 빗줄기가 굵어지자 날씨가 쌀쌀해졌다. 그래서 모두들 움츠러들던 때에 삼성생명 응원단 전원이 일제히 웃통을 벗고 맨살을 내놓은 채 응원을 해댔던 것이다. 삼성생명은 응원상까지 휩쓸었고 그점을 두고두고 자랑거리로 여겼다.

▎삼성컵 대회

다음으로 '삼성문화'를 지켜 나가는 '삼성인'을 만드는 것으로 신입사원 시절 때부터 보고 듣는 '산 경험'을 들 수 있다. 선배들이 구형 복사기로 책 몇 권을 묵묵히 복사하고, 상사를 목숨보다 소중하게 섬기고, 밤을 새워 일하면서도 불평 한마디 하지 않는 것을 보고 배우면서 자연스럽게 삼성인이 되어 가는 것이다. '삼성'이라는 우물에 빠뜨려 놓으면 가만히 있어도 '삼성인'이 되는 것이며, 간혹 그러지 못한 사람은 일찌감치 포기해야 한다. 그 많은 경험들 중에서도 특히 큰 영향을 미친다고 할 수 있는 것은 '체육대회' 등에 참석하면서 배우는 '단체 행동'이다. 신입사원 시절에 큰 행사 몇 가지를 치르면서 응원을 하다 보면 더 이상 내가 '내'가 아니고 '삼성인'이 되어 있다는 것을 확인할 수 있기 때문이다. 입사 첫 해에 '삼성컵'이라는 그룹 차원의 체육대회가 있었다. '삼성체전'이라는 말도 들은 것 같은데, 내 기억으로는 삼성컵과 삼성체전을 2년마다 돌아가면서 열었던 것 같다. 5월의 어느 날 삼성그룹의 20개가 넘는 계열사 직원 몇만 명이 효창운동장에 모여서 삼성컵을 개최했다. 결과부터 말하자면 삼성생명이 종합 우승을 차지하여 그룹 내에서 그 이름을 빛내었다. 그룹 내에서 하는 체육대회가 뭐 그리 대단하냐고 물을지 몰라도 외부 사람들은 상상하지 못할 정도로 '대단한 대회'라고 말할 수 있다. 본선 경기에 앞서서 거의 두 달 동안 예선을 치렀으며, 선발된 선수들은 몇 개월간 합숙 훈련까지 할 정도로 중요한 행사였다. 삼성생명에서 참가한 선수들만 해도 백 명이 넘었다. 올림픽 경기에서 종합 몇 위를 차지했다는 것과 마찬가지로 "70년대에 우승한 이래 실로 20여 년 만에 다시 종합 우승의 쾌거를 이루었으며, 그룹 내에서 다시 한번 '크고 좋은 회사'라는 위상을 떨쳤다."라고 말하면서 기뻐들 했다.

▌양보가 어려운 승부욕

내가 삼성컵을 알게 되고 응원에 참가한 것은 삼성컵의 예선전에 응원을 하기 위해 동원되고 나서부터이다. '삼성럭비'라는 종목이었는데 오뚜기처럼 생긴 둥글고 큰 통을 어깨에 둘러메고 핸드볼을 하는 경기였다. 경기가 오후 3시라면 버스를 타고 오전 11시 정도에는 한강변에 있는 경기장에 도착하여 사전에 4시간 정도는 응원 연습을 하였다. 땡볕 아래서 몇 시간 계속하는 응원 연습은 자율적으로 잘되지 않았다. 응원을 하는 동안 처음 몇 게임은 이겨서 8강에 진출했지만 결선에는 나가지 못했다. 내가 응원을 한 게임 중에 일어났던 사건은 이 대회의 중요성을 실감케 해 주었다. 게임 중에 약간 과격한 플레이로 선수들 간에 감정이 격해졌다. 한쪽 편의 과장이 나와서 사태를 진정시키려고 했으나 감정 폭발 일보 직전까지 갔다. 어떻게 같은 그룹 사람들끼리 스포츠를 하면서 저렇게 흥분하여 싸울 수가 있는가 싶었지만 한편으로는 몇 달 동안 훈련을 한 후 반드시 이겨야 한다는 중압감이 있으면 양보할 수 없겠구나 하는 생각이 들기도 했다. 어쨌든 예선경기 몇 게임 동안에도 응원 연습은 신물이 날 만큼 했었다. 예선은 끝났지만 그때부터는 본선에서 펼칠 응원 연습을 하느라고 야단이었다. 몇백 명의 신입사원들이 회사 버스를 타고 며칠 동안 교외에 있는 한 체육관으로 출근해서 연습을 했다.

▌응원 때마다 알몸으로 하는 전통

드디어 본선이 있는 당일 아침, 효창운동장에는 몇만 명의 삼성인들이 모였고, 종목별로 결승 경기가 치러졌다. 결과는 삼성생명이 테니스와 배구에서 우승을, 축구에서 준우승을 차지하는 등 좋은 성적을 거두어 결국 '종합우승'의 영예를 안게 되었다. 지금의 '에스원'에 해당하는 '한국안전시스템'과의 축구 결승은 손에 땀을 쥘 만큼 재미있었다. 그러나 상대 회사에는 구성원 자체가 운동선수 출신이 많았던 데다가 축구 선수도 몇 명 있었기 때문에 삼성생명이 지고 말았다. 아무리 축구가 재미있었다고 하더라도 그날의 하이라이트는 역시 삼성생명 신입사원들이 보여 준 '알몸 응원'이었다. 아침부터 목이 터져라 소리를 지르고 허리가 휠 만큼 율동을 했다. 그런데 점심시간이 되자 비가 내리기 시작했고 5월이었지만 빗줄기가 굵어지자 날씨가 쌀쌀해졌다. 그래서 모두들 움츠러들던 때에 삼성생명 응원단 전원이 일제히 웃통을 벗고 맨살을 내놓은 채 응원을 해 댔던 것이다. 당연히 참석한 모든 삼성인들로부터 박수를 받았다. 오후 내내 웃통을 벗고 응원한 정신력 때문에 삼성생명은 응원상까지 휩쓸었고 그 점을 두고두고 자랑거리로 여겼다. 그 덕분에 그 후 몇 년 동안 삼성생명은 웃통을 벗고 응원하는 전통을 이어 가야만 했다. 대회 후에 들어 보니 본대회보다 대회 전의 사전 준비가 더 힘들었다고 했다. 테니스를 잘하는 내 동기 한 명이 말하기를 선수로 뽑힌 테니스 선수들은 국가대표 선수 출신 코치들로부터 특별 훈련을 받았다고 했다. 합숙 훈련은 길게는 50여 일간 지속되었으며, 기혼자는 물론이고 여자 선수들도 예외 없이 훈련에 임했다고 한다.

같은 삼성인끼리 체육대회를 해도 이렇게 많은 시간과 인력과 노력을 경주해서 우승을 이끌어 내는데, 하물며 다른 회사와의 경쟁에서는 지려야 질 수가 없는 것이 삼성의 정신력이고 전통이라는 것을 신입사원들은 '삼성컵 대회'를 통해 배웠을 것이라고 믿는다.

▎신입사원 하계 수련회

삼성컵에 이어서 있었던 '신입사원 하계 수련회'에는 삼성 생명에서도 신입사원 몇백 명이 참가하였다. 전 그룹의 같은 기수 동기들이 모여서 '단결과 화합의 장'을 갖는 행사로서 매년 치러지는 이 행사는 그해에는 6월 말에 2박 3일의 일정으로 덕유산에서 열렸다. 이 대회에서는 팀파워, 장기자랑,

체육대회, 진기록 경기 등을 치러서 회사별로 종합성적을 내었는데, 여기에서도 우수한 성적을 내기 위해 총력을 기울였다. 인사부서를 중심으로 T/F 팀(특정 목적을 위해 임시적으로 구성되는 팀)이 구성되었고 약 한 달 전부터 팀파워를 증진시킨다며 사원들이 동원되기 시작했다. 씨름 선수들은 합숙훈련을 했는데, 이만기 선수가 활약했던 모 대학 씨름팀이 있는 지방으로 전지훈련까지 가서 그 대학 선수들과 연습을 하고 코치도 받았다고 들었다. 다른 이야기는 다 생략하고 거기서 벌인 '공포의 응원 연습'만 이야기하고자 한다. 6월 말의 덕유산 햇살은 정말 뜨거웠는데, 첫날부터 '삼성컵 대회'에서 히트를 친 '알몸 응원'이 시작되었다.

열심히 응원 연습을 하고 있는 도중에 앞에서 응원 리더가 '웃통~ 벗어!'라고 하면 일제히 웃통을 벗고 응원을 했는데, 시기가 6월 말이었으니까 한번 벗은 웃통을 다시 입으라는 구령은 나오지 않았다. 보통 사람들이라면 단한 시간만 땡볕에 맨살을 태우는 것도 무서워하겠지만 2박 3일 동안 그늘이라고는 한 뼘도 없는 넓은 운동장에서 응원을 했으니, 살갗이 벗겨지지 않은 사원은 단 한 명도 없었다.

▎응원 하나만으로도 '삼성인'을 만든다

그 후에는 '한마음 체육대회'라는 설계사들도 함께하는 삼성생명만의 체육대회도 있었다. 겨울이 되면 '삼성생명 여자 농구단'의 경기에도 동원되어 응원을 했다. 사정이 이러다 보니 동기들 중에는 응원 전문가 뺨칠 정도의 고수들도 많이 나오게 되었다.

여자 농구 챔피언 결정전에서 삼성생명이 3승 후에 4연패를 하여 우승을 놓친 경우를 생각해 보자. 우승을 예상해서 4차전부터는 사장이 번번이 꽃다발까지 준비해 놓고 게임을 관전한다. 사장이 떴으니 응원할 사원들은 게임 시작 몇 시간 전부터 가서 응원 연습을 해야만 했다. 요즈음은 그렇게까지 하지 않지만 예전에는 3시에 경기가 있어도 오전 10시에 가서 응원 연습을 하고, 도시락을 먹은 후에 다시 3시까지 응원 연습을 했다. 4차전부터 7차전까지 그런 식으로 응원을 했지만 4연패를 하는 바람에 결국은 사장까지 참석해서 매일 준비한 꽃다발을 써 보지도 못했던 기억도 있다. 응원만 해도 이 정도인데, 모든 일에서 이런 스파르타식 교육을 받다 보면 자신도 모르는 사이에 외부에서 보기에는 선뜻 이해가 가지 않는 '삼성인'이 탄생하게 되는 것이다.

삼성문화

부장이나 임원들도 부하들에게 안 좋은 영향을 미칠까 봐서 출근도 사원들보다 더 빨리 하고, 점심시간을 단 1분도 어기지 않은 시절이었으니 사원들이 점심시간 끝나는 종이 울린 후에 자리에 앉는다는 것은 사원의 자질 문제는 물론이고 상사의 관리 부재까지도 말이 나올 정도의 큰일이었다.

▌일벌레, 군대문화, 청렴성

　어느 사회의 문화든 그것은 끊임없이 변하게 마련이며 기업 문화 또한 예외일 수 없다. 요즈음의 삼성문화에 대해 사람들이 어떻게 말하는지 그것은 잘 모른다. 2, 3년 전만 하더라도 '깔끔한 인상' '국제화' '공익사업' 등에 대한 이미지가 자주 언급되었던 것 같다. 최근 IMF 하에서는 또 변했겠지만 말이다.

　내가 입사했던 8년 전에 가졌던 삼성에 대한 이미지는 '열심히 일한다.' '군대문화이다.' 그리고 '청렴하다.' 정도로 요약할 수 있을 것 같다. 입사해서 실제로 보고 느낀 이미지도 그러했었다. 아침 8시 전까지 출근해서 밤 9시, 10시까지 일하는 것은 기본이고 휴일에도 나와서 일하는 사람이 많았다. 남들은 삼성인을 '일벌레'라고도 불렀지만 그래도 다들 큰 불만 없이 생활했다고 기억된다. 주위의 모든 사람이 똑같이 늦게까지 일하면 불만이 없는 법이기 때문이다. 그리고 문화는 군대문화였다. 조직에서의 위계질서는 대단했다. 1년만 일찍 들어온 선배라도 하늘같이 생각해야 했으니 과장이나 부장은 드높은 '가을하늘'이었던 것이다. 자기가 맡은 분야에서 상사의 지시대로만 열심히 하면 되었다. 그 대신 나머지 문제에 대해서는 선배나 상사가 알아서 책임져 주었다.

또한 내 눈에는 조직이 깨끗하게 보였다. 내가 근무하던 부서가 특히 관리가 잘된 조직이어서 그랬는지, 아니면 신입사원의 좁은 시각에 다른 모습이 안 들어왔는지 모르겠지만, 학연, 지연 등은 찾아볼 수 없었고 오로지 일을 잘하는 사람 그리고 조직을 위해서 열심히 일하는 사람을 우대했다. 나만의 생각이었는지는 몰라도 이런 문화 속에서 조직은 원만히 잘 굴러갔다.

▮ '청렴'한 조직

"삼성하고는 같이 일해 먹기 힘들다." 이 말은, 거래처의 입장에서 보면 다른 회사와 같이 일할 때는 대충 돈 봉투를 찔러 넣어 주면 통하는데 삼성 사람들에게는 이런 것이 안 통하기 때문에 듣게 되는 것이라고 한다. 금융기관의 입장에서는 다른 기관들은 끝자리가 약간 안 맞으면 알아서 하겠다는 일도 삼성에서는 1원 단위까지 맞춰 달라고 한다는 의미이다.

실제로 한 여사원은 업무처리 중 1원 단위가 안 맞는 것을 며칠 걸려서 찾아냈는데, 단돈 1원이 10원이 되고, 10원이 백 원, 천 원 아니 얼마든지 큰 숫자가 될 수 있기 때문이라고 하였다.

오래전, 모 부서에서 삼성그룹의 임원과 모 그룹의 임원 간의 재산에 대해서 비교를 한 적이 있었다고 한다. 결과는 그 그룹의 임원이 삼성 임원보다 평균 재산이 몇 배에 이르는 수준이라고 들었다. 그러면서 그 그룹에서는 웬만한 임원에게 아파트 한 채씩을 주었었고, 옛날에는 업무 스타일도 타이트하지 않았기 때문이었다고 했다.

동창 한 명은 모 시멘트 회사에 근무했었는데, 입사 한 달도 채 안 된 신입사원의 눈에도 과장이 얼마를 먹고 부장이 얼마를 먹는 모습이 보이더라고 했다. 거기에 비하면 삼성과 삼성생명은 너무 깨끗하다. 영업 관련 부서에서 있었던 일이다. 삼성생명 전 설계사에게 감사의 선물을 주었는데, 설계사 숫자가 그 당시 5만 명에 달했으니 선물도 5만 개를 발주하여 전 지점에 나누어 주었다. 선물 배포가 다 끝나고 부서에 기념품(그 당시 가격으로 약 1만 원 정도였다고 한다)이 대여섯 개 정도 남았다고 한다. 사원들이 그것을 하나씩 나누어 가졌다가 다음 날 초상집이 되었다고 한다. 어떻게 회사의 물건을, 그것도 밤낮 열심히 뛰어다니는 설계사를 위한 선물을 가져갈 수 있느냐고 야단을 맞았고, 전원 선물을 원상 복귀시켰다고 한다. 내가 생각해도 그런 행동 이 용서받을 부서는 삼성생명에 없다고 본다. 어쨌든 깨끗한 것은 상대방에서 볼 때에는 불편하지만 삼성의 좋은 미덕이 아닐 수 없다.

▎빈틈없는 시간관념

삼성생명에서는 점심시간이 12시부터 1시까지이다. 요즈음은 점심시간이 끝난 1시 정각에 사원들 자리 몇 개가 비어 있는 것이 이상하게 느껴지지 않는다. 점심시간 끝나고 2, 3분 지나서 들어오는 수도 있고, 점심시간이 끝나기 1분 전에 양치질하러 가서 1, 2분 늦게 돌아오는 수도 있다. 그래도 점심시간 30분이 지나도 여러 자리가 비어 있는, TV에서 본 공무원들의 모습과 비교한다면 삼성 사람들은 시간을 잘 지킨다고 해도 좋을 정도이다. 그러나 내가 신입사원이었던 시절에는 꿈에도 생각할 수 없는 일이었다. 부장이나 임원들도 부하들에게 안 좋은 영향을 미칠까 봐서 출근도 사원들보다 더 빨리하고, 점심시간을 단 1분도 어기지 않은 시절이었으니 사원들이 점심시간 끝나는 종이 울린 후에 자리에 앉는다는 것은 사원의 자질 문제는 물론이고 상사의 관리 부재까지도 말이 나올 정도의 큰일이었다.

보통 점심시간 종료 3분 전이면 전 부서원이 양치질까지 끝내고 자리에 앉아 있어야 했고, 실제로 이것이 지켜지지 않는 날이 없었다. 그런데 하루는 비상사태가 발생했다. 점심시간 종료 벨이 울렸는데도 9명의 부서원 중 4명 정도의 사원이 자리를 비운 것이다. 물론 1, 2분 정도 뒤에는 전원이 착석했다.

잠시 후 과장이 모두를 집합시켰다. "점심시간이 지났는데도 자리가 절반이나 비었는데, 어떻게 이런 일이 일어날 수 있습니까?"

단단히 훈계하면서 정신 교육을 시켰다. 그만한 일에 그 정도까지 야단을 맞은 후 내가 생각하기에도 과장이 야속하다는 느낌이 들었다. 하지만 그 당시의 전반적인 분위기가 그러했다. 우리는 다시는 그런 일이 없도록 하겠다고 약속했고, 그 후로는 이 약속을 잘 지켜 나갔다.

8년 동안 느꼈던 일이다. 연수나 행사 도중 몇 시 몇 분에 버스가 다시 출발한다고 하면서 10분이나 20분간의 휴식시간이 주어졌다고 하자. 예정 시간이 되면 단 한 명의 지각자도 없이 전원 승차하는 것이 삼성인의 모습이다. 시간관념도 교육하기 나름인 것 같다.

▌ 눈에 띄는 복장은 불쾌감을 준다

그 당시 삼성생명에서는 옷차림에서도 다양성을 인정하지 않았었다. 양복은 짙은 감색 계통이 권장되었고 와이셔츠는 흰색만 허용되었다. 회사에서는 이런 이유를 댔다.

"지나치게 화려한 무늬 혹은 특이하게 디자인한 옷은 상대방에게 불쾌감을 준다." 와이셔츠는 어떠한 색깔이나 무늬도 허용되지 않았으며 눈에 잘 띄지 않을 정도로 연하게 세로로 줄이 가 있는 와이셔츠도 금물이었다. 넥타이도 화려해서는 안 되며, 약간 어두운 색이 권장되었고 양말은 검정이나 감색만 허용되었다. 와이셔츠 주머니에는 절대로 볼펜이나 수첩을 넣어서는 안 되었고 바지 주머니에도 필요 없는 물건을 넣으면 안 된다고 들었다. 관계사에서 우리 부서로 와서 주무대리를 한 선배가 있었는데, 항상 와이셔츠 주머니에 볼펜을 꽂고 전자수첩을 넣고 다니는 것을 보고 '삼성생명이 삼성 관계사 중에서도 특히 규율이 엄하구나.'라고 생각했다.

복장이 획일화되면 개성을 살려 멋을 부릴 수 없다는 아쉬움이 있지만 생활에 불편함을 초래하지는 않았다. 그런데 삼성생명은 꽤 오랫동안 한여름에도 반팔 와이셔츠를 못 입게 했다. 양복 윗도리도 항상 입고 다녀야 했고 넥타이도 꼭 매어야만 했다. 은행에 다니는 한 친구와 종로에서 만난 적이 있었는데, 반팔 와이셔츠에 맨 위 단추를 풀고 시원하게 서 있는 그 친구

가 무척 부러웠었다. 세월이 가면서 조금씩 개선되어 지금은 삼성생명에서
도 자유롭게 반팔 와이셔츠를 입게 되었다. 그러나 그 과정에서 과장 이상
의 간부는 조금 더 늦게까지 긴소매 와이셔츠를 입어야 했다. 사원들의 욕
구를 헤아려서 반팔을 허용하긴 했지만, 과장급 이상의 간부들은 조금이라
도 더 품위를 지켜야 했던 것이다.

'해태' 팬도 회사에서는 '삼성' 팬

그때 함께 TV를 시청하고 있던 상사가 '해태'를 응원하는 사원을 꾸짖었다. 이유인즉, 고향을 연고로 둔 팀을 응원하는 것은 이해하지만, 어디까지나 마음속으로 해야지 회사 내에서 그렇게 표시가 나게 응원하는 것은 현명하지 못한 태도라는 것이었다.

▌일장 연설을 들은 후에 만져 보는 보너스

그 당시에는 출근을 하면 제일 먼저 저 멀리 안쪽에 앉아 있는 부장에게 가서 절을 하고, 돌아오면서 과장에게 다시 절을 하고 나서야 자기 자리에 앉을 수 있었다. 거의 모든 부서마다 부장이나 과장이 사원보다 더 일찍 출근하여 자리를 지켰다. 그렇게 해야만 원만히 아침 인사를 받을 수 있기 때문이다. 아무리 술을 많이 먹은 이튿날이라도 부장이나 과장이 사원보다 늦게 출근하는 것은 보지 못했다. 윗사람들이 아랫사람보다 먼저 출근하는 것이 '덕목'이었던 것이다. 사원들에게는 신문이 한 부도 돌아오지 않았던 시절이라 한 사원이 신문 한 부를 가지고 오는 날은 너덧 명의 사원들이 한 장씩 나눠 보면서 아침 시간을 보냈다. 조회 방송이 끝나고 사가 제창 시간이 되면 벗었던 윗도리를 다시 챙겨 입고 일어서서 큰 소리로 사가를 따라 불렀다. 사가를 따라 부른다는 이야기를 듣고 다른 회사에 다니는 친구는, "삼성은 너무 교조적이군."이라고 말했었다. 그나마 사가를 따라 부르는 목소리가 작으면 한번씩 혼이 나기도 했다. 또 그때에는 보너스를 받는 것도 지금과는 다른 차원이었다. 요즘은 급여 통장으로 바로 들어오지만 그때만 해도 현금으로 나누어 주었다. 보너스가 나오는 날 오후가 되면 과장이 몇 시 몇 분에 전원 집합하라고 지시한다. 그 시간이 되면 모두 모여 부서 단위로 임원석으로 갔다. 임원 앞에서 두 줄 혹은 세 줄로 쭉 줄을 서 있으면 드디어 임원이 일어서서 일장 연설을 하기 시작한다. "경제 사정이 어려워서 보너스를 깎는 회사도 있는데, 우리 회사는 올해도 지정된 만큼의 보너스를 주게 된 것에 대해 회사와 그룹에 감사해야 한다." 이런 내용의 연설이 끝나면 임원이 개인별로 봉투를 나누어 주면서 일일이 악수를 한다. 그러면 사원들은 임원의 손을 잡으면서 감사하다고 고개를 숙이는 것이다. 듣기로는 우리에게 보너스를 주기 몇 시간 전에 임원들도 사장실에 모여서 사장에게 연설을 듣고, 같은 방식으로 한 명씩 보너스를 받는다고 했다. 지금은 보너스가 급여 통장으로 바로 들어오니 회사에서 그런 이야기를 할 기회도 없거니와 그런 말을 귀담아들을 사원도 있을까 싶다.

그래도 그때는 보너스를 현금으로 받았으니, 예를 들어 120만 원을 받으면 20만 원 정도는 용돈으로 챙기는 낭만이 있었다.

▌'해태' 팬도 회사에서는 '삼성' 팬

입사하여 1, 2년이 지나면 자타가 인정하는 '삼성인'으로 탄생하게 되지만, 그 삼성인이라는 타이틀을 지키기 위해서는 그 후로도 여러 가지 난관을 참고 이겨 내야 한다. 업무량이 많은 것은 당연하다고 치더라도 업무 외에서도 독특한 삼성문화에 대해서 적응하고 인내해야 하는 것이다. 오래전에 들었던 이야기가 하나 떠오른다. '삼성 라이온즈'와 '해태 타이거즈'와의 프로야구 경기가 있는 날이었다. 토요일 오후에 부서원 몇 명이 남아서 일을 하다가 TV를 켜서 야구 경기를 시청했다. 다들 '삼성 라이온즈'를 응원했다. 자신이 다니고 있는 회사의 팀을 응원하는 것이 당연하기도 하거니와 원래 삼성생명에는 경상도 사람이 절대적으로 많기 때문이다.

그런데 TV를 시청하던 사원 중에 고향이 전라도였던 한 사원이 '해태 타이거즈'를 응원하기 시작했다. 드러내 놓고 한 것은 아니고 자신이 응원하는 팀이 점수를 내주면 한숨을 내쉬는 정도였다. 나는 그 심정을 충분히 이해한다. 부산 출신인 내가 '롯데 자이언츠'와 '삼성 라이온즈'가 경기를 할 때 마음으로부터 삼성을 응원하게 되기까지 거의 2, 3년이 걸렸었기 때문이다. 그때 함께 TV를 시청하고 있던 상사가 '해태'를 응원하는 사원을 꾸짖었다. 이유인즉, 고향을 연고로 둔 팀을 응원하는 것은 이해하지만, 어디까지나 마음속으로 해야지 회사 내에서 그렇게 표시가 나게 응원하는 것은 현명하지 못한 태도라는 것이었다. 그래서 그 '해태' 팬 사원은 조용히 경기만 지켜보게 되었다는 이야기이다. 나는 야구도, 축구도, 농구도, 배구도 다 '삼성' 팬이 된 지 오래지만, 그 '해태' 팬 사원 이야기에 대해서는 어떻게 생각하는 것이 옳은지 잘 판단이 내려지지 않는다.

▎ 회사 생활에서의 정답은 무엇인가

'지역 전문가'로 외국에 나가서 1년 동안 연수를 받고 돌아온 후 임원에게 인사를 했을 때의 일이다. 10명가량 되는 사원들이 임원 앞에 앉아서 "1년 동안 무엇을 배우고 무엇을 느꼈는지 말해 보라."라는 지시에 대해서 발표를 했다. "영어를 1급 따기 위해서 열심히 공부했습니다." "현지 문화를 몸에 익히고 돌아왔습니다." "현지인 친구를 많이 사귀고 왔습니다." "일본 생명 보험업계의 현황을 나름대로 연구해 보았습니다." 이런 말들을 한 명씩 돌아가면서 하고 나니 거의 20~30분이 흘렀다. 이어서 임원의 꾸지람에 가까운 훈시가 약 30분간 지속되었다. 그 주된 내용은 이러했다.

"너희가 뭐 그리 대단한 사람들이냐? 그냥 1년 동안 재미있게 놀다가 왔다고 하면 될 것을 구구절절이 거창한 대답들만 하느냐?"

이 말에 그 사원들은 마치 죄인이라도 되는 듯이 30분 동안 고개를 떨군 채 아무 말 없이 듣고만 있었다. 나는 아무리 생각해도 그런 모습과 문화를 이해할 수가 없다. 사원들에게 애매한 질문을 애초부터 하지 말았어야 한다고 생각하는 것이다. 임원의 그런 질문에 대해 처음부터, "회사 돈 몇천만 원을 들여서 재미있게 놀다가 왔습니다."라고 배짱 있게 대답할 사원이 어디 있겠는가? 나중에야 어찌 되는 사원들의 처음 대답은 '정답'이었던 것이다. 어쩌면 그 임원이 잠시 후에 똑같은 질문을 하더라도 어떤 대답을 해야 할지 모르는 것이 사원들의 입장이다. 위에서 어떠한 논리로 사원들을 교육시키더라도 묵묵히 듣고 있어야만 하고, 그 다음에는 어떻게 대답해야 할 것인가에 대해서 필요 없는 고민을 해야 하는 것이다.

일하는 분위기와 강도

임원과 부장이 출장 갈 경우 밤에 비행기를 타고 가서 다음 날 일을 본 후에, 또 밤비행기를 타고 돌아와 그 다음 날에는 출근하는 것이 관례로 되어 있었기 때문이다. 그리고 임원과 부장이 비행기 안이나 호텔 객실에서 PC로 '출장 보고서'를 작성해서 회사에 출근함과 동시에 상사에게 보고하는 것이었다.

▎엄숙한 분위기에 숨 쉬기도 어려워

신입사원이 지점에 있다가 본사로 발령을 받고 와서 하루 이틀 지난 후에 하는 말이 있다. 열이면 열 모두 "사무실이 쥐 죽은 듯이 조용하고 상사들이 뒤에서 지켜보고 있으니까 금방이라도 질식할 것만 같다."라고 말하는 것이다. 최근 신입사원들이 그런 말을 하면 '행복에 겨운 소리'라고 생각된다. 지금은 좌석 배치가 사원이나 과장, 부장이 별 차이 없이 배치되어 있지만 옛날에는 정말로 권위적이었다. 부서마다 맨 앞줄에 사원들이 앉고 그 뒷줄에는 대리급이 앉는다. 다시 그 뒤에는 과장이 앉고 맨 끝 창문가에는 부장이 앉아 있다. 그리고 그 옆에 임원 자리가 있는 것이 보통이었다. 그러니 처음 들어온 신입사원은 하루 종일 뒤를 돌아볼 수 없는데다가 선배들은 무엇이 그리도 바쁜지 말도 잘 걸지 않으니 숨이 제대로 쉬어지지 않는 것이다. 처음 며칠 동안 숨이 막혀 죽겠다던 사원들도 약 2주일쯤 지나면 다 적응을 하는 것을 보면 그 또한 신기한 일이었다.

내가 있던 부서는 일도 잘하고 모든 면에서 뛰어났지만 분위기만큼은 너무 딱딱했던 것 같다. 이웃 부서에 있는 내 동기들이 우리 부서에는 얼굴도 내밀지 못했다. 혹시 업무상으로 우리 부서를 방문했더라도 눈매 매섭기로 소문난 과장과 부장과 임원이 자기 쪽을 주시하고 있기 때문에 주눅이 든다는 것이었다. 다른 부서 사원이 오면 간부가 "저 사원은 무슨 일로 우리 부서에 왔는가?"라고 묻고, 거기에 대한 일 처리를 어떻게 하고 가는지 다 보고 있는 것이다. 그러니 사무실에는 다른 부서 사원이 거의 오지 않았으며, 항상 쥐 죽은 듯이 조용하기만 했다.

▌근무 시간에 빵 먹는 회사가 어디 있나

지역 전문가 연수를 받기 위해 얼마간 회사를 떠났다가 돌아와서 다른 부서로 발령을 받았을 때였다. 아침에 사원들이 빵을 먹으면서 근무를 하는 것을 보고 깜짝 놀랐다. 우유를 마셔도 남에게 폐를 끼치지 않으려고 조심스럽게 마시던 부서에 있던 나로서는 이해가 가지 않았다. 아침을 먹지 않고 왔으면 다른 사람의 눈에 띄지 않게 나가서 먹고 올 일이고, 늦잠 자느라 아침을 못 먹고 오는 그 자체가 잘못된 일이라고 생각해 왔던 나였다. 사실 옛날 부서 선배들은 아침을 안 먹고 온 날은 그냥 아침을 걸렀으면 걸렀지 사무실 내에서 소리 나게 빵을 먹던 모습을 한 번도 보이지 않았었다. 지금은 아침 업무 시작 후 1시간 정도 이내에 빵을 먹는 사원은 보통이고, 부서에 따라서는 조심스럽게 김밥을 사 먹는 사원도 있다. 그래도 아침 시간에 밖에 나가서 라면을 먹고 들어오는 사람들에 비하면 훨씬 양호한 편이다.

▌ 만만찮은 해외 출장

해외 출장이라고 하면 업무에 대한 부담은 있겠지만 그래도 마음이 설레게 마련이다. 특히 낮 동안의 거래처 방문이 끝난 후 저녁부터는 자유 시간을 가질 수 있으니 그런 기회를 갖는 것은 행운이라고 할 수 있다. 이국의 냄새가 물씬한 밤거리는 혼자 거닐어도 아름답게만 느껴질 것이고, 젊은 사원이라면 한잔 술과 함께하는 '밤의 문화'는 반드시 경험하고 싶은 법이다. 그래야만 회사로 돌아와서도 두고두고 이야깃거리가 되는 것이다. 그런데 내가 겪어 본 출장은 꼭 그렇지만은 않았다. 한번은 부서원 세 명이 일본에 출장을 갔다. 나와 과장 한 명은 일본에서 연수를 받은 적이 있지만, 나머지 한 명은 일본에는 생전 처음 가 보는 사원이었다. 그 사원은 2박 3일의 일정 동안 일본을 어떻게 느껴 보겠다는 계획을 마음속으로 세워 놓고 있었으리라. 그러나 그 당시 우리 부서의 출장문화는 그 사원이 이국의 정취를 만끽하도록 놓아두지 않았다. 임원과 부장이 출장 갈 경우 밤에 비행기를 타고 가서 다음 날 일을 본 후에, 또 밤비행기를 타고 돌아와 그 다음 날에는 출근하는 것이 관례로 되어 있었기 때문이다. 그리고 임원과 부장이 비행기 안이나 호텔 객실에서 PC로 '출장 보고서'를 작성해서 회사에 출근함과 동시에 상사에게 보고하는 것이었다.

당연히 우리들도 거래처 방문 후에는 호텔로 돌아와서 '보고서'를 써야 했다. 저녁 식사만 하고 난 후에 가지고 간 PC를 켜 놓고 낮에 거래처 사람들과 상담을 하면서 적어 놓은 메모를 한 명이 불러주고 한 명이 보고서용 원고를 작성했던 것이다. 당장 내일 아침에 보고서를 팩스로 보낸다는 그런 의미보다 임원이나 부장의 기대에 부응하려고 하는 최소한의 성의라도 보이기 위해서 필요한 일이었다. 일본에 처음 가 본 사원에게는 밖에 나가서 구경하고 오라고 말했지만, 혼자서 돌아다닌 몇 시간을 제외하면 대체로 '일본 구경'은 하지도 못하고 돌아와야만 했다. 그 당시에는 그것이 최선의 방법이었다고 판단했는데, 지금 돌이켜보면 그 사람에게 미안한 마음이 든다. 조금 더 마음의 여유를 가질 수 있었으면 좋았을 텐데, 그 점이 아쉬움으로 남아 있다.

▎'상사'라는 높은 벽

그래도 사원들끼리의 해외 출장은 행복한 편이다. 상사와 출장을 가면 마음의 부담이 훨씬 더하다. 부서원 한 명은 상사를 모시고 거의 일주일 동안 해외 출장을 갔다 온 적이 있었다. 그런데 '이국의 정취' 같은 사치스러운 생각은 고사하고 매일 밤 죽을 맛이었다고 한다. 이유인즉, 매일매일 출장 보고서를 작성하여 임원에게 중간보고를 해야 했는데, 밤마다 상사가 직접 PC를 쳤기 때문이었다고 한다. 상사는 부하 생각을 해서 부하는 잠을 자도록 하고 직접 보고서를 작성했지만, 옆에 누워 있는 사원의 마음이 편할 리가 없었던 것이다. 그것까지 상사가 배려를 해서 둘 다 일찍 잠자리에 든 날도 있었지만 그런 날은 다음 날 새벽에 눈을 떠보면 상사가 먼저 일어나서 보고서를 작성하고 있었다고 한다.

낮에도 마찬가지였다. 점심을 먹기 위해 레스토랑에 가서 웨이터에게 주문을 하고 음식이 나오기를 기다리는 동안 상사가 무엇인가 열심히 찾기 시작하더라는 것이었다. 이윽고 상사가 찾아낸 것은 PC를 꽂을 수 있는 전원이었다. 전원을 찾은 상사는 음식이 나오기까지 자투리 시간을 내어 부지런히 보고서를 작성했다.

하지만 그 사원이 가장 괴로웠던 순간은 따로 있었다고 한다. 목적지로 이동 도중에 렌트카 안에서 상사로부터 꾸지람을 들었을 때라고 한다. 머나먼 이국땅, 그것도 현지인이 운전하고 있는 차 안에서 회사에서처럼 꾸지람을 들었으니 그 기분이 어떠했겠는가. 그때까지 약간 건들건들하던 운전기사도 겁이 나서 숨도 잘 못 쉬었고, 그 후부터는 태도가 싹 바뀌어서 친절해지더라는 것이다.

신세대의 개성만은 살려 주어야

어찌 보면 장모님께는 실례가 될지 모르는 이런 밤샘은 일종의 작전이자 부서의 전통이었다. 쉽게 말해서 처음에 집들이할 때에 모든 부서원이 다 와서 한 사람도 빠짐없이 밤샘하는 모습을 보여 주면, 그 반대로 내가 다른 사원의 집들이에 가서 밤샘을 해도 집사람으로부터 이해를 받는 것이다.

▮ 아내는 남편하기 나름

나의 상사 중에 '남성 우월론자'가 있었다. 일과 중에는 물론이고 술을 마시면서까지도 여자에게 잘해 주어서는 안 된다고 후배들에게 가르쳤다. 꼭 그 영향이라고 말하기는 뭣하지만 나는 가정에 충실치 못한 가장에 속했던 것 같다. 결혼 후 처음으로 집들이를 했을 때였다. 맨 먼저 부서원들을 초청했고, 다음으로는 회사 동기들을, 마지막으로 대학 동창들을 초청했는데, 물론 첫날의 부서원들 집들이가 가장 중요했다. 장모님이 지방에서 올라오시고 처이모님도 오셔서 일손을 거들었다. 저녁을 먹고 술을 간단하게 한후에는 으레 하듯이 화투판을 벌였다. 항상 그랬듯이 과장과 기혼인 대리는 고스톱 정도로 흥을 냈고, 용돈 많은 총각 사원들은 포커판을 벌였다. 그런데 당시 부장이 포커에 일가견이 있고, 사원들과도 잘 어울리는 분이어서 포커판의 열기가 더 뜨거웠다. 새벽이 되고 밤참이 들어와도 부서원들은 단 한 명의 이탈자도 없이 게임에 열중했다.

지금 생각하면 그분들이 고마울 뿐이다. 요즈음 같으면 그런 것을 좋아할 신혼부부도 없겠지만, 몸이 피곤하더라도 그렇게 시간을 내어 줄 사람조차 많지 않기 때문이다. 새벽 다섯 시나 여섯 시 정도에 판을 끝내고 일어섰는 데, 부장과 과장 그리고 기혼 대리는 집에 속옷이라도 갈아입겠다며 돌아갔고, 나머지 사원들과 나는 바로 회사 앞의 사우나로 갔다. 어찌 보면 장모님 께는 실례가 될지 모르는 이런 밤샘은 일종의 작전이자 부서의 전통이었다. 쉽게 말해서 처음에 집들이할 때에 모든 부서원이 다 와서 한 사람도 빠짐 없이 밤샘하는 모습을 보여 주면, 그 반대로 내가 다른 사원의 집들이에 가 서 밤샘을 해도 집사람으로부터 이해를 받는 것이다. 이유야 어쨌든 직장생 활하면서 새벽에 들어가더라도 왜 이렇게 늦었냐는 말을 한 번도 들은 적이 없다.

▎귀가 전화하는 것이 비정상이었던 세대

하기야 나는 결혼 초부터 귀가 전화도 하지 않는 것을 원칙으로 삼았고, 이를 잘 지켰다. 선배들이 다 총각이었던 관계로 그 사람들 입에서 '자살한 다.'라는 말이 나오지 않게 하기 위함이었다.

그런데 지금 신세대 사원들은 대부분 휴대폰을 가지고 있다. 회식 장소에 서 과장이 2차를 가자고 하면 그 즉시 휴대폰을 꺼내서 집에 전화들을 한다. 앞에 누가 있든 휴대폰으로 부인에게 전화를 해서 어쩌구저쩌구하며 통화를 하는 사원들을 보고 격세지감을 느끼는 간부가 많을 것이다. 그런데 나는 신입사원 시절부터 귀가 전화를 자주 하면 버릇이 되어서 안 된다는 식으로 교육을 받았고, 그러다 보니 직장생활 8년 동안 귀가 전화를 한 적이 거의 없다. 동료들과 같이 퇴근하려고 가방까지 들고 서 있는데 그 사람들이 한결같이 전화통을 붙들고 "오늘 늦겠다."라는 둥 "저녁 먼저 먹어라."라는 둥 시간을 끌면 기다리다 지쳐서 나도 한 통화하는 정도이다.

▌일찌감치 회사를 떠나는 개성 강한 동기들

그 당시에 신입사원이 본사에 배치 받으면 선배들로부터 반드시 듣게 될 법한 말들을 나도 들었다.

"신입사원은 벙어리 3년, 귀머거리 3년을 보내야 한다." 배우는 것만 해도 벅찬 시절에 누구에게 아는 척하지 말고, 어디 가서 쓸데없는 말에 귀가 솔깃하지 말라는 것이다. 그리고 3년 동안은 선배들이 퇴근하기 전에 먼저 퇴근하지 말라는 말도 자주 듣는 말이었다.

그런 신입사원 시절을 대부분은 잘 견디지만, 불만을 갖거나 회의를 갖기 시작하면 회사생활을 원만하게 할 수가 없다. 그룹 연수소에서 같은 차수의 동기가 10여 명 삼성생명에 들어왔는데 그중에서 세 명이 얼마 견디지 못하고 회사를 떠났다. 그 세 명은 개성이 강한 것이 공통점이었다.

세 명 중에서 두 명은 연수받을 당시 1백 명 이상의 연수생 중 소위 '학생장'을 맡을 정도로 훌륭한 동기였다. 똑똑한 것은 말할 필요도 없고, 그들 주위에는 항상 동기들이 10여 명씩 따라다닐 정도로 유화력도 좋은 사람들이었는데, 아마도 삼성생명에 있기에는 너무 개성이 강했던 모양이다. 몇몇 동기들이 모이면 그 사람들이 정말 아까웠다고 말한다.

▌신세대의 개성만은 살려 주어야

지금 와서 이런 이야기를 하면 신입사원들은 잘 이해를 못 하거나 신기하게 생각할 것이고, 나보다 더 선배들은, "나 다닐 때에는 더했지, 입사 8년밖에 안 된 사람이 무엇을 안다고 그래."라고 말할 것이다. 그만큼 세월이 감에 따라 모든 것이 변했다는 뜻이다. 그때에 선배들이 그랬으니 후배들도 어느 정도는 그런 각오와 정신을 지켜 나가라고 하는 것은 무리이다. 오히려 다른 회사에 다니는 사람보다 삼성생명 선배들이 상대적으로 억눌린 생활을 많이 했으니, 삼성생명 후배들은 다른 회사 사람들보다 더 많은 개성과 자유를 누려야 한다고 생각하면 어떨까? 요즈음 들어오는 신입사원의 전형적인 사례가 하나 있었다. 신세대에 속하고 멋도 있고, 똑똑하기도 한 어떤 사람이 부서에 전입해 왔다. 처음으로 전 부서원이 회식을 했는데, 장소는 회사 근처의 생맥주집이었다. 부장이 아직 안 왔지만 부서원이 열 명 정도 모이자 일단 먼저 주문을 하기로 했다. 내가 메뉴판을 보고 '하이트' 맥주 열 병을 시켰다. 그런데 그 새로 온 사원이 자기는 '카스' 맥주를 좋아한다며 카스를 시켜 달라고 했다. '카스의 톡 쏘는 맛을 즐긴다.'라고 말했다. 다른 관리 부서 같으면 있을 수 없는 일이었지만 하이트 여덟 병과 카스 두 병으로 주문을 바꾸었다. 우리는 하이트를 마시고 그 신입사원은 카스를 마시니, 짬뽕이 안 되도록 그 사원에게는 새로 따르는 잔에도 카스만 따라 주었다.

　얼마 후 부장이 와서 함께 술을 마셨는데, 글라스가 비지 않더라도 그 위에 술을 더 채우는 첨잔을 했다. 일본 문화라고 말하기도 하지만 그 방법이 합리적이기도 해서 내 친구들 중에도 그렇게 술을 따르는 사람이 더러 있다. 부장이 첨잔을 하다 보니 그 새로 온 사원의 카스가 남은 잔에 하이트가 섞이게 되었다. 다른 사람도 아니고 부장이 따라 주니 '저는 카스로 주십시오.'라는 말을 못했던 것이다.

　너무 비약된 예가 될지는 모르겠지만 카스를 좋아하는 신입사원은 회사에서도 계속 카스를 마실 수 있는 분위기가 되어야 한다고 생각한다.

제 2 부

삶의 질

삼성생명에서는 IMF 전에도 지금처럼 일했다

늦게 퇴근하는 사람이라고 해서 퇴근 시간에 대해 불만이 많은 것은 아닌 듯하다. 일이 비교적 덜 바쁜 부서에서 눈치가 보여 퇴근을 제때에 못하는 사원은 불만이 많고, 일에 치여서 정신없이 하루를 보내는 사원은 불평불만을 할 여유마저도 없는 것이다.

▌삼성생명에서는 IMF 전에도 지금처럼 일했다

삼성에 근무하는 사람들을 '일벌레'라고 부르는 경우를 많이 본다. 어느 정도 일을 해야 일벌레라고 할 수 있는지는 모르겠지만, 그 말은 물리적으로 오랜 시간 동안 일을 한다는 의미인 동시에 일에 대한 열정이 강하다는 뜻으로 해석할 수도 있다. 그리고 일을 위해서는 개인이나 가족의 일을 어느 정도 희생시킨다는 뜻도 내포되어 있을 것이다. 그렇지만 하루 중에 회사에서 몇 시간을 일하느냐가 일벌레의 가장 중요한 기준임에는 틀림없다.

삼성생명에서는 사원들이 일을 얼마나 많이 하고 있으며, 다른 회사와 비교해 보면 그 수준이 어느 정도일까? 과연 소문대로 일을 많이 하는 것일까? 이 점에 대해서는 나 자신도 잘 알 수가 없다. 부서에 따라서 일하는 시간이 다르고, 더구나 다른 회사에서 얼마나 일을 하고 있는지 모르기 때문이다.

IMF 체제하에 있는 요즘은 직장인들이 감원에 대한 눈치를 보느라고 일을 더 열심히 한다는 신문기사를 자주 접한다. 감원 문제가 아니더라도 일을 많이 하는 것이 개인적으로나 회사 차원에서나 행복한 일일 수도 있고, 더구나 요즘은 옛날보다는 더 열심히 해야 하는 상황이라는 사실은 누구나 알고 있다. 그런 만큼 온 나라 샐러리맨들이 열심히 일하고 있는 상황에서 삼성인이 일을 더 많이 하고 덜하고 하는 말을 하면 실례이고 무의미하다고도 생각된다.

그런데 삼성생명에서는 IMF 시대 이전이나 이후나 일을 하는 강도가 별로 변함이 없는 것을 보면 옛날부터 열심히 하긴 했다는 느낌이 든다.

▌업무량과 불만은 비례하지 않는다

회사 차원에서 일을 많이 한다, 적게 한다는 등의 말을 쉽게 할 수 없는 것은 부서에 따라서 편차가 크기 때문이다. 삼성생명에서 빨리 퇴근하는 부서, 그중에서도 빨리 퇴근하는 사원을 예로 들어보면 아침 7시 전에 출근해서 오후 6시 정도에 퇴근하는 듯하다. 늦게 퇴근하는 부서는 옛날부터 고질적으로 일이 많은 부서들인데 일 년 내내 8~9시 전에 퇴근하기 힘든 것 같다. 그리고 그중에서도 일이 집중되고 업무량이 많은 사람은 늘 밤 10시 이후에 퇴근하며, 경우에 따라서는 새벽까지 일하는 때도 있다. 그러나 내가 보기에 늦게 퇴근하는 사람이라고 해서 퇴근 시간에 대해 불만이 많은 것은 아닌 듯하다. 일이 비교적 덜 바쁜 부서에서 눈치가 보여 퇴근을 제때에 못하는 사원은 불만이 많고, 일에 치여서 정신없이 하루를 보내는 사원은 불평불만을 할 여유마저도 없는 것이다. 연중 내내 전 부서원이 늦게 퇴근하는 부서원들은 서로가 위안을 삼으니 역시 불만이 크지 않고, 이 정도까지 체질화되면 자신에게 일이 적은 것이 오히려 불안한 법이다. 그리고 무슨 일을 하느냐에 따라, 즉 자기가 반드시 필요한 일을 하고 있다고 생각하느냐, 별로 중요하지도 않은데 보고를 위한 보고서를 작성하거나, 챙기지 않아도 될 일을 챙기고 있다고 생각하느냐에 따라서 모든 것이 결정된다. 내 경험만으로 본다면 많은 사원들은 자신이 늦게까지 남아서 일하지 않아도 되는 일을 하면서 시간을 보내고 있다고 생각하는 것 같다. 그런 사원들은 자신의 생각과 달리 왜 매일 그렇게 늦게까지 일을 해야만 하는 것일까? 그리고 그런 자신의 모습에 대해서 어떻게들 느끼고 있는지 궁금하다.

7·4제와 삶의 질

올 겨울에도 5시에 일어나서 운동을 했는데, 눈이 오는 날 운동을 하면 기분이 더욱
좋았다. 새벽 5시쯤 조간신문을 돌리는 젊은이들을 자주 만나곤 했는데, 그들은 새벽
4시에 일어난다는 것도 깨달았다.

▌ 7·4제의 의미

대한민국 샐러리맨 모두가 열심히 일하지만, 유독 삼성에 대해서 "너무하
다." "가정은 어떻게 하느냐?" 등의 말이 나오는 이유는 무엇일까? 아마 7·4
제라는 삼성만의 특수한 상황이 큰 요인일 것이다. 똑같이 밤 10시까지 일
하고 집에 가서 12시에 잠자리에 들더라도 삼성 사람은 다음 날 5시 30분까
지는 일어나서 출근을 해야 하는데 비해 다른 회사 사람들은 7시나 7시 30
분까지만 일어나면 되기 때문이다. 말이 1시간 30분이나 2시간이지 그 차이
는 엄청나다. 직장인이면 다들 알고 있겠지만 아침잠 10분이나 20분이 얼마
나 달콤한 시간인지는 두말할 필요도 없다고 본다. 삼성인들이라면 7시에
만 일어나도 컨디션이 날아갈 듯 좋을 것이라는 생각을 안 해 본 사람이 없
을 것이다. 이 7·4제는 1993년에 이건희 회장이 지시하여 전격적으로 도입

된 제도인데, 내가 알기로 이 제도의 취지는 크게 두 가지이다. 그 하나는 교통 소통이 원활한 시간에 출근함으로써 출근 시간을 절약하고, 절약된 시간을 사원들의 자기 계발에 쓰게 하거나 질 높은 휴식을 취하게 함으로써 삶의 질을 높인다는 것이다. 하루에 단 30분만 자기 계발에 투자하더라도 그것이 5년 동안 계속되면 자기 계발을 한 사람과 하지 않은 사람은 그 차이가 엄청나게 벌어진다는 것이다. 또 하나는 사원들이 미처 생각하지 못하는 부분인데, 출근은 항상 오전 8시나 9시이고 퇴근은 오후 5시나 6시라는 고정관념과 책상 앞에 오래 앉아 있는 사람이 회사를 위해 더 많이 일을 하고 있다고 생각하는 우리나라 사람들의 고정관념을 깨뜨리는 동시에, 무엇인가 변해야 하는데 변화에 대한 실감을 자신의 생활 속에서 찾을 수 있게끔 하자는 것이다. 이건희 회장이 7·4제를 반드시 지키라고 지시하는 것은 아마도 두 번째 요인이 더 크게 작용한 것 같다. 그런데도 현실을 보면 두 번째 요인은 물론이고 첫 번째 요인까지도 잊히고 있는 듯하다. 회장의 의지가 강력한 만큼 비서실에서도 7·4제가 잘 지켜지는지 감시하고, 인사 부서에서 점검도 하지만 그토록 지켜지지 않는 이유는 무엇일까? 삼성 사람들이 자기 계발을 할 의지가 없고, 가정에 충실하고자 하는 마음이 부족하며, 변화를 싫어하기 때문일까? 분명히 그렇지는 않을 것이다. 그럼에도 불구하고 현실은 이와 상반되는 이유는 과연 어디에 있는 것일까?

▌삶의 질을 높이기 위하여

처음에는 7·4제가 실감이 나지 않았다. 매일같이 밤 9시나 되어서 퇴근하는 것에 익숙해진 사원들은 회장이 직접 나서서 7·4제를 하겠다고 발표하는 사내 방송을 듣고는 '설마 그럴까?' 하면서도 마음이 설레었다. 삼성생명에서도 7·4제가 시행된 지 며칠이 안 지난 어느 날 부서원 전원이 영화 관람을 하였다. 아마 초여름이었을 것이다. 4시 30분 정도에 회사 문을 나서는데 햇살이 눈부시어 현기증이 날 정도였다. 그런 시간에 햇볕을 받아 본 적이 없었기 때문이다. 그러나 그것은 어디까지나 즐거운 자극이었다.

영화관 근처에서 자장면을 먹고 실베스터 스텔론이 나오는 '클리프 행어'라는 영화를 보았는데 영화 또한 그렇게 재미있을 수가 없었다. 영화 관람이 끝난 후 종로의 한 생맥주집에서 5천씨씨짜리 피처 2개를 주문하여 마음껏 마셨다. 저녁도 먹고 영화도 보고 술까지 마셨는데도 9시 정도에는 집으로 돌아가는 버스를 탈 수가 있었다. 직장인에게 있어 이보다 더 큰 행복이 어디 있겠나 싶었고, 한발 앞서 나가는 삼성에 감사하다는 생각이 마음으로부터 절로 우러나왔다.

그런 기쁨 외에도 생소함이 주는 신선한 감동도 있었다. 여름철에 6시에 부서 회식을 할 경우에 아직 해가 중천에 떠 있는데 술집에 들어가서 술을 마신다고 서로들 혀를 차며 웃어 댔다. 6시부터 술을 마시고 7시 30분이나 8시에 술집에서 나오면 아직 해가 채 지지 않았을 때에는 또 웃어댔다. 정말 좋은 세상이었다. 그런 반면에 불편한 점도 있었다. 술이란 일찍부터 마신다고 일찍 끝나는 것은 아니지 않은가? 오후 6시부터 마셔도 밤 12시가 되어야 집 생각이 나고, 밤 10시부터 마셔도 12시에 집에 들어가게 마련이다. 그러다 보니 툭하면 귀가 시간이 10시나 12시가 되어 버리는 것이다. 다음 날 아침 5시 30분에 일어나야 한다는 사실을 상기하는 순간 눈앞이 아찔해져 온다.

그리고 무엇보다도 삼성 이외의 회사에 다니는 친구들과 약속이 있으면 짧게는 두 시간, 길게는 서너 시간을 기다려야 한다는 불편이 있었다. 게다가 8시에 만나서 술 한잔 하고 나서 10시가 되면 친구들은 한창 술발이 오르는데, 삼성인들은 시계를 쳐다보는 것이다.

▌7·4제 예찬론자

나는 중소기업이든 대기업이든 한번쯤 7·4제를 시행해 보는 것도 좋다고 생각한다. 힘이 든다면 한 달 정도 한시적으로라도 시도해 볼 만한 가치가 있다고 본다. 고정관념을 깨는 데에 큰 도움이 되었던 기억이 있기 때문이다. 다들 그렇듯이 나도 대학교 다닐 때 아침 9시, 10시까지 자는 것이 보통이었다. 당시에 형과 함께 하숙을 했는데 매일 7시에 일어나서 직장으로 가는 형을 볼 때면 웬 새벽에 출근을 하는가 싶었고, 아침 6시 이전에 기상하는 사람이 세상에 어디 있겠는가 싶었다. 지금 다른 회사에 다니는 사람이 삼성인을 보고 어떻게 매일 5시 30분에 일어나느냐고 놀라워하듯이 나도 당시에는 7시 이전에 일어나는 것은 상상도 하지 못했던 것이다. 그런데 사람이 변하고 나면 그전의 모습이 오히려 이상해 보이고 현재의 모습이 더 자연스러운 법이다. 삼성생명 본사에서 근무하는 천 명이 넘는 사원들 중 매일 아침 7시라는 출근 시간을 못 맞추는 사원은 한 명도 없다고 할 수 있다. 개인적으로 어쩌다가 지각은 할지언정 7시가 출근하기에 너무 빠르다고 생각하는 사원은 없는 것이다. 전날 새벽 2~3시까지 몸을 못 가눌 정도로 술을 마셨더라도 어김없이 시간에 맞추어 출근을 한다. 나는 어떤가? 내

기억으로도 7·4제 이후 지각을 한 적이 단 한 번도 없다. 아니, 입사 후로 내가 기억하는 한 지각은 단 한 번밖에 없으니 당연한 일일지도 모르겠다. 신입사원 시절, 전날 술을 너무 많이 먹고 아침에 회사로 전화를 걸어 휴가를 내겠다고 했다가 퇴짜를 받고 하는 수 없이 늦게 나간 적이 있었는데, 그것이 단 한 번의 지각인 것이다.

그러고 보니 나는 옛날부터 규칙을 어기면 안 된다고 생각하는 고지식한 면이 있었던 것 같다. 초등학교 6년, 중·고등학교 각 3년씩 총 12년 동안 단 하루도 빠짐없이 출석하여 개근상을 탔으니 말이다. 승용차를 자주 몰지는 않지만 아직 신호위반을 한 적도 없고, 단 한 번도 안전벨트를 매지 않은 기억도 없는 것을 보면 그런 경향이 있는 것은 확실한가 보다. 이 말이 잠시 옆으로 빗나갔지만 어쨌든 7·4제를 하고 나서 지하철로 출근을 해 보았던 나는 아침 6시 이전에도 아주 많은 사람들이 활동을 하고 있다는 사실을 알게 되었다. 삼성생명에 근무하는 사람들 중에 아침 7시까지 출근하는 것은 해낼 수 있지만, 아침 운동까지 하는 것은 쉽게 결심하지 못하는 듯하다. 그런데 나는 아침 운동을 하는 날에는 새벽 5시에는 반드시 일어났다. 일이 바쁘고 밤에 늦게 퇴근할수록 아침 운동은 오히려 더 열심히 했었는데, 아침 5시부터 30분간 운동을 해도 꽤 많은 운동량을 취할 수 있었다. 올 겨울에도 5시에 일어나서 운동을 했는데, 눈이 오는 날 운동을 하면 기분이 더욱 좋았다. 새벽 5시쯤 조간신문을 돌리는 젊은이들을 자주 만나곤 했는데, 그들은 새벽 4시에 일어난다는 것도 깨달았다. 어쨌든 새벽 4시에 일어나는 사람도 있다는 것을 잠이 많은 자녀들에게 가르쳐 주고 싶은 것이 부모의 마음이라면, 기업 입장에서는 한 달 정도 7·4제를 실시하면 사원들에게 새로운 세상과 더불어 새로운 생각을 접할 수 있는 기회를 줄 수 있다고 본다.

꼬리에 꼬리를 무는 업무

결과적으로 사원들은 일을 다 끝내고 퇴근하는 날이 단 하루도 없는 것이다. 내일 일을 하기 위한 최소한의 수면 시간을 확보하기 위해서 집으로 가는 것이고, 조금 심하게 말하자면 자기 계발을 하거나 재충전하거나 가족을 만나기 위해서 퇴근하는 것이 아닌 것이다.

▌일은 일 년 내내 꼬리에 꼬리를 문다

부서마다 일의 특성과 업무량이 다른데, 내 생각에는 업무량 자체만 본다면 아무래도 투자를 하는 부서가 적고, 보험영업 부문이나 일반관리 부서에 일이 많은 것 같다. 입사 후 투자 부서에만 있었던 한 선배가 매일 밤 9시 이후에 퇴근하는 나에게 물었다.

"무슨 할 일이 그렇게도 많아? 일도 없으면서 괜히 늦게 가는 것은 아니겠지?" 내 대답은 절대로 그렇지 않다는 것이었다. 어느 정도 일에 욕심이 있고 인정을 받는 상사를 모시는 부서에서는 일이 끝이 없다. 그런 상사는 솔직하게 말해서 회사를 위해서, 자신을 위해서 일을 만들어 내는 능력과 의지를 지녔다고 본다.

위에서 업무를 만들어서 밑으로 오더를 내리는데, 업무의 성격에 따라 처리 기간이 짧으면 3, 4일 걸리는 경우도 있지만 길게는 한 달 정도 걸리는 일도 수두룩하다. 바쁜 순서대로 일을 처리하는데, 사원별로 보면 미결된 업무가 항상 한두 개는 되는 것이다. 그 와중에서 더 중요한 일이 떨어지면 그것부터 처리하고, 특별한 일이 떨어지지 않으면 그동안 미루어 놓았던 일을 끄집어내어서 계속해야 한다. 그러니까 일이 없는 데도 늦게까지 남아서 일하는 것은 결코 아니라고 설명해 주었다. 그러면 어차피 해도 해도 끝이 없는 일인데, 8시 정도가 되면 집으로 돌아가고 다음 날 좋은 컨디션으로 다시 일을 하면 될 것이 아니냐고 물을 사람도 있을 것이다. 그것은 또 절대 아니라고 말할 수 있다. 바쁜 업무는 위에서 지시할 때에 "이번 주말에 봅시다." 하고 내려준다. 말이 마감 일자까지 3, 4일 남았지, 첫 날부터 계속 그 일에 달라붙어도 기한 지키기가 힘이 든다. 3, 4일 동안 밤 12시까지 해도 잘못 맞추는 경우가 많다. 그래서 부장급에서 사원들에게 가장 강조하는 것이 납기일을 지키라는 것인데, 왜냐하면 부장도 역시 그 위의 상사에게 납기일을 지켜야 하기 때문이다. 그렇게 닦달을 하는데도 불구하고 납기일을 지키기란 쉽지가 않다. 중요한 일은 그렇다고 치더라도 약간 급하지 않은 일을 할 때에는 빨리 퇴근하면 되지 않을까 하고 생각할 수도 있다. 그런데 급하지 않았던 업무는 중요한 일을 하느라고 지연되었기 때문에 더 이상 늦출 여유가 없다는 또 다른 아킬레스건이 있다. 사원들이 신기하게 생각하는 것 중의 하나가 상사들이 그런 면에서 칼같이 예리하다는 것이다. 급한 불을 꺼 놓고 겨우 한숨 돌리려고 하면 반드시 그날 아침부터, "전에 밀렸던 일이 어떻게 잘 진행되고 있겠지? 그 일이 너무 늦어졌으니 신경 써야 되지 않겠어?"라고 하며 챙기는 것이다. 그러니 일 년 내내 시간적 여유가 없는 것이 당연하고, 적어도 기획이나 그와 비슷한 일을 흉내만 내더라도 일이 꼬리에 꼬리를 무는 것이다. 결과적으로 사원들은 일을 다 끝내고 퇴근하는 날이 단 하루도 없다. 내일 일을 하기 위한 최소한의 수면 시간을 확보하기 위해서 집으로 가는 것이고, 조금 심하게 말하자면 자기 계발을 하거나 재충전하거나 가족을 만나기 위해서 퇴근하는 것이 아니다.

▌ '변화'는 어려운 것

7·4제가 도입된 지 몇 년이 지나도 당초의 도입 취지에 맞게 잘 운영되지 않자 비서실에서 계도도 많이 하고 점검도 많이 했다. 그래도 별 약효가 없었다.

비서실에서 6시 정도에 회사마다 무작위로 전화를 해 댔다. 그래서 걸려온 전화를 받은 회사는 이유를 막론하고 7·4제를 잘 지키지 않는 것으로 보고 이를 시정하라고 지시를 내렸다. 이런 식으로 비서실에서 강도 있게 챙기는 것이 일 년에 두 번 정도 된다면, 비서실에서 난리를 치고 난 후에 삼성생명 인사 부서에서도 난리를 쳤다. 부서별로 돌아다니면서 남아 있는 사원들의 이름을 적어서 다음 날 해당 부서장에게 경고를 하는 것이다. 이름을 적는 것보다 더 자주 있었던 것이 사내방송 담당 부서에서 카메라를 들고 촬영을 한 후 방송을 하고 부서장에게 경고장을 보내는 것이었다.

그래서 어느 층에 카메라가 출동했다는 이야기가 나오면 사원들은 일단 피난하기에 바빴다. 해야 할 일은 많은데 카메라가 출동한다고 집으로 가버리면 다음 날 결국 생고생하는 것은 사원들이니 집으로 갈 수가 없다. 그래서 카메라가 나왔다는 소문을 듣거나 오늘 저녁에 카메라가 나온다는 정보를 입수한 날이면 예상 시간에 자리를 한두 시간 비웠다가 카메라가 지나가고 난 후에 다시 자리로 돌아와서 일을 하곤 했다. 처음에는 카메라가 나온다고 하면 그렇게 해서라도 7·4제가 잘 지켜지는 데 일조를 하려고 노력하던 사원들도 나중에는 카메라 때문에 어차피 해야 할 일을 시간 내에 못하게 된다고 불평을 해 댔다. 잘못하여 카메라에 촬영이 되면 죄를 지은 듯 미안해하던 사원들도 시간이 지나자 "찍을 테면 찍어 가라."라는 식이었다. 어차피 회사를 위해서 일하는 것인데, 한편에서는 일을 하게 만들어 놓고 또 다른 한편에서는 일을 못하게 방해를 한다고 불평하면서 배짱으로 카메라를 피하지 않는 분위기도 생겼다. 그리고 부서장들도 자기 부서 사원들이 카메라에 찍혔다는 말을 듣고는 사원들을 나무라야 할지 말아야 할지 몰라 했다. 비서실에서 전화로 모니터를 하고 홍보실에서 카메라를 출동시키는 것도 다 옛날 일이다. 이제는 IMF인지라 그렇게 할 분위기가 아닌 것이다. 그러니 사원들은 아예 7·4제를 없애는 것이 낫다는 생각을 많이 하게 되었다. 그룹 차원에서도 사원들의 소위 "7은 있는데, 4가 없다."라는 불만이 높아지면서 올해 들어서 7·4제가 와해되고 있는 추세이다.

일이 많은 사원은 마음이라도 편하다

가끔씩은 과장에게 먼저 퇴근하겠다고 인사를 하고 가지만 그런 경우에 나가는 발걸음은 결코 가볍지 않다. 일반적으로 일이 많아서 남는 사원은 마음이 편하고, 별로 할 일이 없어서 일찍 퇴근하는 사원의 마음은 편치 못하다.

▌일이 많은 사원은 마음이라도 편하다

오후 4시가 퇴근 시간이니 6시 정도가 되면 집으로 돌아가는 사원이 한두 명은 나와야 하지만 그렇지 않다. 전 부서원이 '퇴근 시간은 아직도 까마득하게 멀었다.'라고 생각하는 것이다. 7시 정도에 임원이 뒷짐을 지고 한 바퀴 둘러보고 나서 퇴근을 한다. 그러고 나서 부장이 7시에서 8시 사이에 퇴근을 하고 나면 비로소 특별한 일이 있는 사원들부터 퇴근을 할 수가 있다. 특별한 사정이 있는 사원은 퇴근을 하되, 그래도 과장이 퇴근하기를 기다리는 것이 일반적이다. 과장이 8시 정도면 퇴근을 하는 부서는 퇴근이 빠른 편이지만 과장이 10시까지 남아서 일하는 부서의 사원들은 대체적으로 퇴근이 늦어진다. 가끔씩은 과장에게 먼저 퇴근하겠다고 인사를 하고 가지만 그런 경우에 나가는 발걸음은 결코 가볍지 않다. 일반적으로 일이 많아서 남는 사원은 마음이 편하고, 별로 할 일이 없어서 일찍 퇴근하는 사원의 마음은 편치 못하다. 일하는 것에 대해서는 미혼 여사원이나 기혼 여사원이나 에누리가 없다. 오히려 남자 사원들 뺨치게 더 열심히 일하고, 오랫동안 그 부서에서 일해 왔기 때문에 일의 능률도 남사원보다 더 높다. 일요일에 나와서 일을 하기로 하면 전 부서원이 한 명도 빠짐없이 나와서 일을 한다.

▌국내 최초의 '인공지능 빌딩'

똑같은 일을 하더라도 6월 이후에 날씨가 더워지면 일하기가 더 힘들어진다. 그래도 큰 불만은 없지만 4시 이후에는 불만이 불거져 나오기 시작한다. 내가 듣기로는 삼성생명 본관 건물은 1980년대에 국내 최초의 '인공지능 빌딩'이라는 말을 들으면서 지어졌다. 그러나 공조 시설이 좋지 않아서 직원들은 오히려 큰 불편을 느낀다. 4시 이후에는 공조 시설과 에어컨이 꺼지기 때문에 그때부터는 일하기 힘들 정도로 덥다. 7·4제에서 4가 안 지켜지는 사실을 뻔히 알면서도 4시가 되면 에어컨을 꺼 버리는 것이다. 최소한 사원들의 대부분이 남아 있는 6시까지라도 에어컨을 가동해야 될 터인데, 사원들의 건강과 업무 효율보다는 회사의 규정이 더 중요한 것인가 싶었다. 회사에 자금이 없어서 에어컨을 못 틀 어려움이 없는 이상 6시까지는 켜 주는 것이 옳다고 생각된다.

지난해 8월의 어느 일요일, 회사에 물건을 가지러 갈 일이 있어 잠시 들렀더니, 부장과 한 부서의 전 사원들이 출근하여 일을 하고 있었다. 그 찜통 속에서도 다들 불만 없이 열심들이었다. 이럴 때에는 창문이라도 마음대로 열

수 있는 조그만 회사가 부러워 보인다.

┃ 회식 시간에도 불안감은 가시지 않아

퇴근을 늦게 하다 보니 사원들은 최소한의 자기 생활이라도 가질 수 있었으면 하고 생각한다. 언젠가 한번은 당구를 좋아한다는 부서원들과 어울려 당구를 같이 친 적이 있었는데 9시에 가서 11시까지 칠 수밖에 없었다. 그것도 오랜만에 할일 다 제쳐 놓고 마음먹고 나간 정도가 그 수준이다. 또 사원들끼리 회식을 한 적이 있었는데, 모두 다 모인 시간이 8시 30분이었다. 마지막에 온 사원들이 나오면서 과장 눈치 보느라고 혼이 났다고 했다. 과장 입장에서 본다면, 과장도 아직 일이 끝나지 않았는데 사원들이 회식을 한다고 먼저 나간다니 기가 찼을지도 모른다. '세상 많이 좋아졌구나!' 하고 생각할 수밖에 없다는 것이 이해는 간다. 그래도 한 달에 한 번 있는 회식이라서 할 수 없었다. 8시 30분에 회식을 시작했으니, 2차로 노래방에 가서 노래 한 곡씩 부르고 나니 밤 12시가 되어 버렸다. 부서에 따라서는 회식을 하면서 술을 한잔하고, 10시쯤 하던 일을 계속하기 위해 다시 회사로 들어가는 사람들도 있다.

어느 신입사원은 운동을 좋아했다. 그는 보디빌딩을 한다고 했는데, 같은 해에 입사한 그룹 신입사원들이 다 모여서 펼치는 '하계수련대회'에서 힘자랑으로 1등까지 했다는 것이었다. 20킬로그램짜리 쌀가마니를 들고 오래 버티는 시합이었는데, 보통 사원들은 3분이 채 되기 전에 포기하는 게임에서 그 전까지의 기록을 갱신하면서 20여 분을 버텼다는 얘기였다. 그 사원이 본사에 와서 분위기를 보니 도무지 운동을 지속할 분위기가 아니었다. 그의 진심에서 우러나오는 하소연은 이런 것이었다.

"일을 얼마만큼 하든, 몇 시에 퇴근하든 관계없으니 일주일에 두 번 정도 몸을 만들 수 있는 시간이 있다면 소원이 없겠어요."

원래 7·4제의 취지는 사원들에게 일주일에 한두 시간씩 두 번 정도의 자기 계발을 할 여유까지 주지 않는 것이 아니었는데, 정말 안타까운 현실이었다.

▌솔직하게 사원들의 이해를 구하면 문제가 없다

사원들이 어떤 생활을 하고 있고 어떤 생각을 하고 있든지 삼성생명에서는 4시가 되면 몇 년 동안 어김없이 퇴근을 알리는 음악 소리가 울려 퍼진다. 대충 "오늘 하루도 열심히 일하셨습니다. 이제 사우 여러분들만의 소중한 시간을 가져야 할 시간입니다."라는 멘트가 음악과 함께 꽤 시끄럽게, 꽤 길게, 하루도 빠짐없이 흘러나온다.

나는 이렇게 생각한다. 즉, 삼성생명의 사장이, "여러분이 부서에 따라서는 7~8시, 그리고 9~10시까지 퇴근을 하지 못하고 있다는 것을 잘 알고 있습니다. 원래 생명보험 회사라는 것은 새로운 기술이나 아이디어보다는 우수한 인재들이 인내와 단결력으로 열심히 일해야 초일류 보험사가 될 수 있는 것입니다. 앞으로 경제 사정이 좋아질 때까지 힘이 들더라도 참고 나아가 주시길 바랍니다."라고 투명하게 밝히고 사원들의 이해를 구하는 편이 더 낫다는 것이다. 무엇이든지 현실 자체가 문제가 아니라 말과 현실이 다를 때 문제가 생기기 때문이다.

아들 출산에 병원에도 못 간 사원

만에 하나 출산 중에 산모에게 무슨 일이 생긴다면 옆에서 지켜 주지 못한 죄책감이
얼마나 크겠는가? 확률상으로 그런 일이 안 일어날 경우가 더 많겠지만 그래도 사람
의 일이란 모르는 법. 한 가정의 행복의 기본이 되는 일이 다른 일에 의해서 희생된다
면 다음에 더 큰 불행을 초래할 수도 있다는 것을 알아야 한다.

▌대통령과 삼성인의 공통점

내가 어렸을 적에 고 박정희 대통령의 영부인이 총에 맞아 서거하시는 것
을 보고, 들었다. 어린 내 눈에도 영부인은 아름답고 품위가 있었으며, 전 국
민들의 사랑과 존경을 받고 있음을 알 수 있었다. 내가 직접 보지는 못했지
만, 영부인이 총에 맞아 병원으로 실려 간 후에도 박 대통령은 경축일의 기
념사를 다시 읽기 시작했다고 하는 이야기를 들었다. 유교적 사고가 지배적
인 우리나라에서 대통령의 그런 모습은 '남자는 큰일을 먼저 생각해야 하고,
가정에 충실한 것을 남들 앞에서 보이는 것은 피해야 한다.'라고 하는 일반
국민들의 정서를 대변한 것이 아닌가 싶다. 삼성에서도 회사를 위해서라면
가정을 희생하는 것이 당연하다고 생각하는 것이 일반적이다. 그러다 보니
삼성인은 자신도 모르게 가정에 소홀해지기 쉬운 것이다.

▌ 삼성인의 불행은 가족의 불행

오래 전, 그러니까 7·4제가 도입된 지 그리 오래되지 않았던 때로 기억되는데, 한 삼성인의 부인이 회사에 호소문을 보내 왔다. 예전에도 남편이 아침 일찍 나가서 밤늦게 들어오는 바람에 피해의식을 많이 가졌었는데 괜히 7·4제를 하는 바람에 남편 볼 시간이 더더욱 없어졌다는 것이었다. 말하자면 퇴근 시간은 변함이 없고 출근 시간만 더 빨라졌으니 그런 법이 어디 있느냐고 따지는 내용이었다. 삼성인들이 제대로 여가 시간을 가지지 못하고 개인의 삶의 질을 추구하지 못한다면 당연히 그 가족들도 마찬가지인 것이다. 그리고 처음부터 일부러 가족에게 소홀히 하고자 해서 그렇게 하는 사람이 세상에 어디 있겠는가? 회사 일에 보람을 갖고 일을 하든 할 수 없이 늦게 퇴근을 하든 간에 자신도 모르게 일에 얽매이게 되고, '집에서는 남자의 직장생활을 이해해 주겠지.' 하고 일방적인 판단만 하다 보니 가정에 소홀하게 되는 것이 아닌가 싶다.

▌ 아내가 출산하는데 병원에 못 간 사원

신입사원 시절에 이런 이야기를 하는 사람을 만난 적이 있었다. 즉, 자식이 셋인데 아내가 출산할 때마다 회사 일이 바빠서 한 번도 병원에 갈 수가 없었다고 했다. 그리고 자기가 알기로도 회사에 그런 사람이 많다고 했다. 지금 신입사원들이 들으면, "회사 업무가 아무리 중요해도 그렇지, 하늘이 무너지는 것도 아니고 아내가 아기를 낳는데 병원에도 못 가는 회사가 어디 있어요?" 하고 말할 것이다. 내가 생각해 보아도 회사 일 중에서 출산보다 더 중요한 일은 없다고 생각된다. 만에 하나 출산 중에 산모에게 무슨 일이 생긴다면 옆에서 지켜 주지 못한 죄책감이 얼마나 크겠는가? 확률상으로 그런 일이 안 일어날 경우가 더 많겠지만 그래도 사람의 일이란 모르는 법, 한 가정의 행복의 기본이 되는 일이 다른 일에 의해서 희생된다면 다음에 더 큰 불행을 초래할 수도 있다는 것을 알아야 한다. 그런데 알다가도 모르는 것이 세상일이다. 바로 내 아내가 둘째 아이를 출산할 때에 병원에 갈 수 없는 형편이 되었던 것이다. 물론 눈 딱 감고 하던 일을 내일로 미루고 나오면 되었겠지만 도저히 그럴 형편이 못되었다. 앞에서 말한 그 선배의 경우도 그런 것이 아니었는가 싶다. 당시 큰 국제 세미나를 준비하고 있었는데, 그날까지 참가자들의 비자를 만들기 위한 서류를 공증받아서 국제 우편으로 보내야 했던 것이다. 그 일을 아무나 붙잡고 부탁하면 시간상 촉박하여 하루를 더 넘기게 될 것으로 판단되었다. 더구나 며칠 정도 일이 지연되었기 때문에 하루가 더 지연되는 것이 몹시 마음에 걸렸다. "점심시간쯤에 배가 아파서 병원에 갔더니 지금 바로 수술을 받아야 한대요."

집사람으로부터 이런 전화를 받고 무척이나 망설여야 했다. 그렇지 않아도 며칠 전에 양수가 터져서 걱정을 많이 하던 터였다. 병원에 가 보니 더 이상 지체했으면 태아가 크게 위험할 뻔했다는 것이었다. 일을 하는 도중에도 가야 할지 말아야 할지 망설이는 동안에 시간은 자꾸 흘러갔고 결국은 가보지 못했다. 대신에 그 업무는 일단락 지을 수가 있었다.

분명히 누가 가지 말라고 말리는 사람도 없었고, 내가 하루 더 업무를 늦게 한다고 그 일이 뒤집어지거나 누가 나를 질책할 사람도 없었는데 나 스스로 그 길을 택했던 것이다. 다행히 산모도 태아도 아무 탈이 없었으니 망정이지 정말 집사람에게 미안한 마음이 들었고, 이런 것이 바로 세상살이구나 하는 것을 배운 셈이었다.

신혼여행보다 더 중요한 회사 일은 없다

중요한 것은 신혼여행을 가고 안 가고의 문제가 아니라 그 사원이 신혼여행을 가기 전에 약 2주일간 많은 고민을 했고, 모르긴 해도 신혼여행에서 부인과 함께 관광을 하는 동안에도 일 생각이 뇌리에 남아 있었을 것이라는 점이다.

▎신혼여행보다 더 중요한 회사 일은 없다

내 주위의 한 사원은 일이 너무 바빠서 일생에 단 한 번밖에 없는 '신혼여행'을 두고 많은 갈등을 느끼는 것을 본 일이 있다. 그렇지만 세상에 회사 일이 바쁘다고 신혼여행까지 포기할 바보가 어디 있겠는가? 또 그렇게 산다면 바쁜 일 그만두고 신혼여행을 갈 사람이 과연 몇 명이나 되겠는가? 그리고 그 사원의 업무가 당장에 급한 일을 하는 것이 아니고 꾸준히 관리하는 그런 종류의 업무였다. 당연히 신혼여행을 가야 한다는 쪽으로 결론이 났고, 또 그렇게 했다. 중요한 것은 신혼여행을 가고 안 가고의 문제가 아니라 그 사원이 신혼여행을 가기 전에 약 2주일간 많은 고민을 했고, 모르긴 해도 신혼여행에서 부인과 함께 관광을 하는 동안에도 일 생각이 뇌리에 남아 있었을 것이라는 점이다. 정말 회사의 운명이 왔다 갔다 하지 않는 한, 업무 때문에 신혼여행 가는 것도 부담을 가져야 하는 경우가 있어서는 안 될 것이라고 생각한다.

▌ 휴가를 반납한다고 회사가 더 잘 되는 것일까

이와 같은 일은 일부 사원에게 국한된다고 치부하더라도 모든 사원이 그런 방식의 사고로부터 완전히 자유로울 수는 없다. 회사에서 연월차 수당을 아끼기 위해서 월차를 '토요일 격주 휴무제'를 하면서 다 쓰라고 했을 때의 일이다. 일부 부서에서는 급여가 깎이는 아쉬움보다 토요일, 일요일 연이어서 쉰다는 즐거움을 맛보고 있을 때에 한 부서에서는 실망한 얼굴들을 하고 있었다. 그 부서의 임원이 간단명료하게, "우리 부서는 그런 것(격주 휴무제) 없는 것으로 하시오." 하고 말했기 때문이다. 내가 있던 부서에서도 월차 수당을 받지 않는 대신 쉬는, 즉 한 달에 한 번밖에 없는 월차 휴가를 제대로 못 쓰는 경우가 많았다. 그리고 정기 휴가가 있었던 8월에는 단 한 명도 월차 휴가를 쓰지 못했다. 물론 월차를 쓰겠다면 굳이 말리는 사람은 없지만 전 부서원이 알아서 포기한다는 것이 현실을 잘 대변하고 있지 않은가 싶다.

사원들이니까 월차를 쓰네 못 쓰네 하고 있지 과장 이상만 하더라도 사정은 달라진다. 삼성생명의 정기휴가는 일 년에 4일로서 결코 많은 편이 아니다. 그런데도 임원이 휴가를 하루 만 쓰니 부장은 이틀만 쓰고 과장은 3일만 쓴다는 말이 나온다. IMF 이후 유난히 경제가 어려워져서 그런지도 모르겠지만 임원이, 부장이, 과장이 일 년에 4일 있는 휴가를 다 쓴다고 회사가 안 될 이유는 하나도 없는 것이다.

클린턴 미국 대통령이 섹스 스캔들로 위기에 처해 있는 중에서도 휴가를 쓰는 모습이 우리나라 사람들에게는 용납할 수 없는 일이겠지만, 모든 것을 합리적으로 생각해 본다면 우리가 잘못되어 있는 것은 아닐까. 말은 책상 앞에 오래 앉아 있는다고 만사가 아니라고 하지만 자신은 그것을 실천할 용기가 없고, 그것이 이미 체질화되어 버린 것이다. 하여튼 사원들까지 월차를 안 쓴다고 회사가 더 잘되고 회사를 더 사랑하는 것도 아닌데 마음 놓고 월차 휴가도 못 쓰는 것이 현실이었다.

▌삼성맨 부인들의 소박한 마음

이런저런 이유로 삼성생명 사원들은 아내와 가족에게 마음먹은 대로 잘 대해 주지 못하고 있는 듯하다. 밤 10시에 퇴근하는 사람들만 해도 집에서 회사로 출근할 때에 아내에게 "회사 다녀올게."라고 말하기보다는 회사에서 퇴근할 때 상사에게 "집에 다녀오겠습니다."라고 말하는 것이 더 정확할 것이다. 그리고 "내가 아내랑 결혼한 것이 아니고 회사하고 결혼했던가?" 하는 자조적인 말은 누구나 하는 말이다. 삼성생명에서 사원들의 부인들을 상대로 설문 조사를 한 적이 있었다. 남편이 가장 좋을 때는 '가족과 함께 TV를 보며 화기애애한 가운데 저녁 시간을 같이 보낼 때' '일찍 귀가했을 때' '가족들을 위한 시간을 마련할 때' '특히 휴일에 야외나 공원에 같이 놀러갈 때' '일찍 귀가하면서 맛있는 것을 사 올 때'라는 대답들을 했다고 한다. 그리고 남편이 가장 싫을 때는 '술 마시고 늦게 들어와 휴일에 집에서 낮잠만 잘 때'

'늦은 귀가와 잦은 음주로 건강에 신경 쓰지 않을 때' '술 마시고 늦게 들어올 때'라는 대답을 했다고 한다. 이 설문 조사를 보면 아내들은 남편이 집에서 저녁이라도 함께할 수 있는 정도의 퇴근 시간을 보장받기를 바란다는 것을 알 수 있다.

삼성생명 사원 아파트

아줌마 부대들의 정보력은 우리가 따라갈 수가 없다. 자기 남편들이 회사의 요소요소에 있으니 사원들의 급여는 물론이고 복리와 관련된 사항은 누구보다도 더 먼저 아는 것이다.

▌정들었던 삼성생명 사원 아파트

나는 강남구 도곡동에 위치한 삼성생명 사원 아파트에서 정확하게 5년을 살다가 나왔다. 관리비는 꽤 비쌌지만 교통도 편리하고, 산기슭에 자리 잡고 있어 공기도 좋고, 주위에 애들 친구도 많아서 회사에서 "규정대로 5년만 살고 나가라."라고 하지만 않으면 언제까지라도 살고 싶었던 보금자리였다.

IMF가 터지고 주위의 집값이 많이 내린데다가 관리비라도 아끼자는 생각으로 지난해 여름에 이사를 나왔다. 한동안은 사원 아파트의 편리함과 아늑함이 그리웠다. 그 사원 아파트에 살았던 것도 여러 가지 기억들과 함께 아름다운 추억으로 남아 있다. 결혼 초에는 일부러 사원 아파트에 들어가지 않고 신림동에 작은 집을 얻어 전세를 살았었다. 사원 아파트의 좋은 점을 잘 몰랐기 때문이기도 했지만 그 당시 사원들이 장난으로 사원 아파트를 '공장'이라고 부르기도 한 만큼 '회사 생활의 연장'이라는 느낌도 들었기 때문이었다.

지금은 많이 나아졌지만 8년 전만 하더라도 혹시 아내와 팔짱이라도 끼고 걷다가 다른 사원들의 눈에 띄면 회사에 소문이 자자하게 퍼지곤 했었다. 동기 중 한 명은 '잉꼬 부부'라고 소문이 났다. 결혼한 지 얼마 안 된 동기의 아내가 아침마다 남편이 버스 타는 데까지 나와서 다정스레 손을 흔들어주었기 때문이었다. 직접 그 모습을 본 것은 아니지만 누군가가 그렇게 한다고 소문이 퍼졌었는데, 알고 보니 내 동기였던 것이다. 사람에 따라 다르지만 사원 아파트를 좋아하지 않는 직원들도 간혹 있다. 그 이유인즉 상사들의 심부름이 귀찮다는 것이다. 가끔 서류나 책을 옮겨 달라는 부탁을 하는 정도는 괜찮지만, 자가용을 대신 갖다 놓으라거나 갖다 달라는 심부름까지 시킨다는 것이다. 또 사원들이 자주 말하는 것은 상사의 아이와 자기 아이가 함께 놀다가 싸우면 어떻게 하느냐는 걱정이었다. 나의 경우에는 그런 일은 없었지만 그래도 약간 놀랐던 경험은 있다. 매일같이 우리 집에 놀러왔던 아이가 있었는데, 나중에 알고 보니 학교의 대선배이자 차장의 딸이었다. 결혼이 늦었던 그 차장의 부인은 성격이 활달하여 우리 집에 자주 놀러오곤 했었는데, 아무래도 동기의 부인보다는 대하기가 어려웠다.

▌아직도 살아 있는 아파트 분양설

한때는 사원 아파트의 인기가 좋아서 입주 대기자가 많은 관계로 입주 신청 후 6개월씩이나 기다려야 했었다. 그때 사원들은 사원 아파트에 입주해 있는 임원이나 부장들에게 은근히 화살을 돌리기도 했다. 물론 특별히 사정이 있는 부장들도 있었겠지만 명색이 사원 아파트인데 삼성생명 부장쯤 되면 집 한 채 살 돈은 있을 것이 아닌가 하는 생각들을 했던 것이다. 사원 아파트에는 부장급들이 많이 살고 있었는데, 거기에는 그만한 이유가 있었다. 당초에 건설을 하면서 일정 기간 입주하고 나면 입주자들에게 그 아파트를 분양한다는 소문이 돌았기 때문이었다. 상식적으로 납득이 잘 안 가는 말이었다. 애써서 지은 사원 아파트를 보다 많은 사원들이 혜택을 누리도록 하기 위해서는 분양하기보다 5년간의 기한을 주고 계속적으로 다른 사원들을 받아야지, 한번 분양해 버리면 수혜자가 너무 적어지기 때문이다. 그리고 삼성생명에서 사원들의 복리를 위해서 그럴싸한 사원 아파트 하나쯤 가지고 있어야 명분이 서지 않겠는가? 그럼에도 불구하고 그 당시에 회사에서 강하게 부인을 하지 않는 바람에 그런 추측을 불식시키지 못했다. 고참 과장이나 부장급 중에는 가지고 있던 집까지 처분하고 입주를 했다고 한다. 그리고 사람 사는 것이 다 자기 분복이 있는 법인지, 자기 집을 팔고 전세를 들어온 부장급 중에서 남는 돈으로 주식을 샀다가 다 잃어버린 경우도 있다고 들었다. 그 후에도 2년 정도에 한 번씩은 사원 아파트를 분양할지 모른다는 소문이 돌았다. 그런 소문은 회사에서 듣기도 했고, 우리보다 회사에 대한 정보가 더 빠른 동네 아줌마들 입에서 나오기도 했다. 사실 아줌마 부대들의 정보력은 우리가 따라갈 수가 없다. 자기 남편들이 회사의 요소요소에 있으니 사원들의 급여는 물론이고 복리와 관련된 사항은 누구보다도 더 먼저 아는 것이다. 이번 명절에 선물이 뭐가 나오고, 보너스가 얼마 깎이고, 지역본부는 어떻고, 이런저런 것에 대해서 훤하게 꿰뚫고 있다. 어쩌다가 내게 유익한 정보를 얻는 장점보다는 회사에서 있은 '남편만이 간직하고 싶은 이야기'를 집에서 속속들이 알고 있는 불리함이 더 많았던 것으로 기억된다. 예컨대 가끔씩 회사에서 현금으로 지급되는 수당조차도 마음 놓고 쓸 수가 없었다.

최근에도 아파트 분양설이 나돌았다. IMF로 집값이 떨어져서 사원들이 이사를 많이 나가는 바람에 비는 집이 많이 생긴 것이다. 그렇지 않아도 세대 수가 적은 아파트라서 관리비가 많이 나왔는데 이 관리비를 회사 측에서 부담해야 할 판이었다고 한다.

그리고 지은 지 거의 7년이 되어 가자 보수 공사비도 만만치 않게 들어가기 때문에 IMF로 유동성이 부족한 회사에서 사원들에게 분양할 것을 고려하고 있다는 것이다. 만약에 정말로 분양을 한다면 얼마를 하든지 거기에 내 집을 갖는 것이 나의 소원이었다. 지금은 다 물 건너간 이야기이지만 말이다.

▌ 우리 집에 무선 전화기가 없는 사연

사원 아파트에 살면서 겪은 재미있었던 일이 한 가지 기억난다. 삼성생명에서는 명절이나 회사의 창립기념일, 근로자의 날에 선물을 주곤 했었다. 5년 전쯤에는 선물로 '무선 전화기'를 받은 적이 있었다. 그런데 이 전화기는 사용한 지 한 달 만에 고장이 꽤 많이 났다. 나의 경우도 한 달 정도 사용했다고 생각되는데, 어쨌든 몇 개월이 지나자 고장이 났다는 사원들이 많이 나왔다. 나는 고장 난 전화기를 버리기가 뭣해서 그냥 애들 장난감으로라도 쓰자는 마음에서 책장 위에 올려놓았다.

그러던 어느 날 희소식이 들어왔다. 오래전에 나누어 주었던 전화기가 불량이 너무 많아서 피해를 입은 사원들에게 새로 나온 무선 전화기로 바꾸어 준다는 것이었다. 모르긴 해도 신경영이 나오고, 불량 제품들은 한 군데에 모아서 불을 지르면서 머리에 띠를 두르고 '불량품 제로 운동' 등을 외치던 시대의 영향이 아니었던가 싶다. 새로 나오는 전화기는 가격으로 따져도 옛날에 나누어 준 전화기의 몇 배는 되어 보이는 몸체와 이동수화기 두 개가 세트로 된 제품이어서 옛날에 불량 전화기를 받은 사원들이 오히려 혜택을 보게 되었던 것이다. 이렇게 좋은 소식을 들고 집으로 돌아온 나는 그동안 전화기 때문에 스트레스를 많이 받았던 아내에게 곧바로 알려 주었다. 그런데 웬일인지 집사람은 기쁜 표정이 아니었다. 이유를 들어 보고는 박장대소를 하지 않을 수 없었다. 그 전날 아침에 아파트 입구에서 어떤 할머니가 다가와서는 집에 고장 난 무선 전화기가 있는지 물어보더라고 했다. 그렇다고 말하자 그 할머니는 무선 전화기가 필요해서 그러는데, 수리를 해서 쓸 테니 싼값에 달라고 했다는 것이다. 거의 쓰레기통에 버릴 형편의 전화기였던지라 할머니에게 선뜻 내주었다는 얘기였다. 액수는 지금 잘 생각이 안 나지만 천 원짜리 몇 장 받는 수준에서 처분한 것이었다. 아마 그 당시 삼성생명 사원뿐 아니라 그 모델을 산 고객들에게는 다 새 전화기로 교환해 주었지 않았나 싶다. 버스 지나가고 손 흔들어서 무엇 하나 싶었지만, 어떻게 알았는지 아파트 입구에 서서 미끼를 던진 할머니가 어떤 분이었는지 궁금할 뿐이었다. 거의 4, 5년쯤 전에 있었던 일이었다. 그런데 우리 집에는 그 흔한 무선 전화기가 아직 없다. 그때 그 할머니만 아니었더라도 문명의 혜택을 단단히 보는 것인데, 무선 전화기만 보면 안 사도 되는 전화기를 사야 한다는 마음이 들고, 그래서 돈이 아까워 사지 못하고 있는 것이다.

삼성그룹의 일원

요람에서 무덤까지

아침에 삼성건설에서 지은 아파트에서 일어나 삼성전자 텔레비전으로 아침 뉴스를
보고 제일기획에서 만든 방송 광고도 본다. 제일제당에서 만든 패스트푸드로 아침을
해결하고 삼성 자동차를 타고 출근을 한다.

▌요람에서 무덤까지

  대기업이 문어발식 경영을 한다는 말을 자주 듣는데, 여러 가지 사업을 하
긴 하는가 보다 하는 생각이 든다.

  아침에 삼성건설에서 지은 아파트에서 일어나 삼성전자 텔레비전으로 아
침 뉴스를 보고 제일기획에서 만든 방송 광고도 본다. 제일제당에서 만든
패스트푸드로 아침을 해결하고 삼성 자동차를 타고 출근을 한다. 돈이 없으
면 삼성 신용카드로 현금 서비스를 받고, 쇼핑은 삼성플라자에서 한다. 양
복도 캐주얼도 골프웨어도 삼성에서 만든 좋은 제품들이 다양하게 나와 있
다. 보험은 삼성생명과 삼성화재에 가입한다. 주말이면 용인으로 차를 몰고
가서 에버랜드를 찾거나 골프를 친다. 혹은 삼성플라자에 있는 영화관이나
옆에 있는 미술 갤러리, 호암 아트홀에 가서 문화생활을 즐길 수도 있다.

매일 아침 중앙일보를 읽고 주간지와 월간지도 중앙일보에서 발행하는 잡지를 구독한다. 몸이 아프면 삼성의료원에 가서 치료를 받는다. 자녀는 그룹 소유의 중동중학교와 중동고등학교를 졸업시켜서 성균관대학교에 보내면 된다. 나이가 들면 삼성생명이 운영하는 실버타운에 들어가서 안주하다가 삼성생명이나 실버타운과 연계하게 될지도 모르는 장의사업체에 최후로 몸을 맡기면 부족할 것이 없다. 삼성생명만 하더라도 사업을 다각화하는 것이 엄청난 미덕이었었다. 아마 2~3년 전에 입사한 사원들만 해도, '삼성생명은 2천 년대에 자회사가 30개 이상으로 늘어나고, 해외 현지법인이 20개가 되고.' 하는 '삼성생명의 비전'을 들었을 것이다. 이 정도로 다양한 사업을 하는 그룹에 있다 보니 여러 가지 말도 듣게 되었다.

▍ '동방생명'보다는 '삼성생명'이 나아

입사 이래 그룹에 대해서 가장 빈번하게 들었던 말은 '그룹 차원에서' '그룹의 형평성을 위하여'라는 말이었다. 금융권에 속하는 보험업의 특성과 맞지 않는 제도나 가치관에 대해서 사원들이 문제점을 제시하면 항상 듣던 대답이다. 그런 만큼 삼성생명과 삼성그룹을 떼어 놓고 생각하기는 힘들다. 삼성생명이 삼성그룹의 일원으로서 얻는 이익도 많지만 반대로 그로 인한 제약도 적지 않은 것이 사실이다. 옛날 이름인 '동방생명'보다는 '삼성생명'으로 회사명을 바꾼 것이 보험영업에 도움이 되었다고 말하는 사람도 많고, 그룹이라는 틀 때문에 금융회사의 특성과 금융 전문가를 키우는 데에 한계가 있다고 지적하는 사람도 많다.

삼성그룹 일원으로서의 득실을 따지거나 어떻게 하는 것이 더 낫다고 말하는 것은 무의미하다. 이랬든 저랬든 삼성생명은 삼성그룹에 속해 있는 것은 불변의 사실이고, 그 관계는 앞으로도 영원할 것이기 때문이다.

재벌에 대한 평가는 쉽지 않아

어느 나라를 막론하고 재벌에 대한 경계를 늦추어서는 안 된다는 것만은 사실이다.
'절대 권력'이라는 것은 반드시 부패하게 마련인데, 그 과정에서 항상 '돈'과 결합하는
것을 너무도 자주 보아 왔기 때문이다.

▎재벌이 주는 이미지

삼성그룹을 재벌이라고도 부르는데, 그 어감이 좋든 그렇지 않든 국민 대
부분은 삼성을 비롯한 최소 5대 그룹까지는 재벌이라고 부르는 것을 주저
하지 않는다. 재벌이 우리나라 경제를 독점하여 그 폐해가 너무 크다는 비
판도 있고, 우리나라 경제 발전에 기여도 많이 했다는 옹호론도 있는데 둘
다 옳은 이야기라고 본다. 나는 삼성이란 기업에 몸을 담았던 탓인지는 몰
라도 6 대 4 내지는 7 대 3 정도의 비율로 재벌이 우리나라의 경쟁력을 높이
는 순기능을 수행해 왔다고 생각하는 편이다. 하지만 실제적으로는 이에 대
한 검증은 아무도 할 수 없는 듯하다. 많은 세월을 연구하고 평가해 본들 정
답이 나올 수 없는 문제이지만 내가 느끼는 바가 그 정도라는 뜻이다.

나는 재벌 그 자체보다는 오히려 재벌을 오늘날의 재벌이 되도록 방조한

정부의 역할에 더 큰 잘못이 있다고 생각한다. 아무리 도덕성이 강조된다고 하더라도 기업이란 돈이 되는 것은 법에 저촉되지 않는 범위 내에서 최선을 다해 벌어들이려고 하기 마련인 것이다. 법에 저촉되더라도 그 법이 제대로 집행되지 않으면 또 그만큼은 먹고 들어가려고 애쓰는 것이 기업이다. 제아무리 큰 기업이라도 제대로 된 정치와 행정과 공무원이 있는 나라라면 정해진 틀 속에서 나오지 않는 것이 기업의 속성이기 때문이다. 그런데도 오늘날 국민들에게 원망을 받는 재벌이 존재하는 것은 재벌에 대해서 제대로 규제를 가하지 못한 '대한민국'의 총체적인 책임 때문이라고 보면 될 것 같다. 어쨌든 어느 나라를 막론하고 재벌에 대한 경계를 늦추어서는 안 된다는 것만은 사실이다. '절대 권력'이라는 것은 반드시 부패하게 마련인데, 그 과정에서 항상 '돈'과 결합하는 것을 너무도 자주 보아 왔기 때문이다. 우리나라에서도 그 사례는 찾아보기 어렵지 않지만 인도네시아의 경우에는 더 극명하게 보인 경우라고 생각한다. 나는 주간지 하나를 정기 구독하고 있는데, 거기에서 현재 러시아의 경제 위기 또한 '7대 러시아 재벌'에 의해 초래되었다는 기사를 읽은 적이 있다.

▌모 주간지의 기사

러시아에는 재벌 7인방이 있는데, 이들은 스스로 '러시아 전체 국부의 50%를 소유하고 있다.'라고 큰소리쳐 왔다. 처음에 이들은 당시 사회주의 소련의 상품 기근 속에서 국가고시 가격과 암시장에서 형성되는 시장 가격의 차액을 통해 부를 축적하기 시작했고, 90년 초 소련 붕괴 직후 정치·경제 혼란 속에서는 루블화에 대한 환투기로 그 세력을 키웠다. 92년부터 진행된 국영기업 민영화 과정 속에서 국유 회사는 물론이고 주요 언론사마저 차례로 인수해서 여론을 장악했다. 96년 대통령 선거에서는 이들이 모두 힘을 합해 '7인 위원회'를 구성, 옐친 대통령 재선을 도왔는데, 결과적으로 옐친이 당선되자 이들은 러시아 최대의 지배세력으로 떠오른다. 95~97년 동안 러시아 경제가 상대적으로 안정을 보일 때에 이들은 러시아 시장경제의 견인차로 미화되기도 했다. 그러나 98년 세계 경제가 흔들리자 이들이 쌓아 온 부는 사상누각에 불과했던 것이 증명되었다. 그동안 석유회사 인수에만 급급했지 경영 합리화를 통한 생산단가 인하에 실패하여 석유회사들의 경쟁력이 완전 붕괴되었다. 그리고 그들의 은행이 자산의 40% 이상 투자한 고금리 단기 국채가 지불유예의 선언을 받자 그 은행들은 도산 위기에 직면했다.

그래서 지금 이 재벌 7인방은 민영화 작업을 통해 국가 재산을 강탈했으며, 환투기와 고금리 국채 투기를 통해 러시아 금융 시장을 혼란에 빠뜨렸다는 비난을 받고 있다. 또 이들이 러시아 주요 언론들을 대부분 장악, 여론을 호도하고, 더 나아가 '정치 자금줄' 역할을 담당하며 크렘린궁 음모 정치를 무제한적으로 재생산해 냈다는 지적도 있다는 것이다.

지금 우리나라에서도 거의 대부분의 국민들은 1997년 말 외환위기와 현재 국민들이 받고 있는 고통의 상당 부분이 무분별한 투자로 부실 경영과 자원 낭비를 해 온 재벌이 초래했다고 믿고 있다.

그런데 다들 말만 무성할 뿐 재벌이 거기에 대해 얼마만큼의 책임이 있는지에 대해서는 아무도 규명하지 못하고 있는 실정이다. 앞으로 학계의 전문가는 물론이고 민간 경제 연구소에서는 여기에 대해 집중적으로 연구해서 재벌에게 얼마만큼의 책임이 있는지 정확하게 규명해야 한다. 그 규명 작업을 한 후에 책임이 있다면 그만큼의 책임을 지면 되고, 만일 그렇지 않다면 재벌의 누명을 벗겨 주면 될 것이다.

삼성생명 출신 사장도 경영을 잘했건만

본사 주요 부서의 상무, 전무 이상 임원들은 최소한 비서실 물을 몇 년 먹어 본 사람들이 차지한다고 생각한다. 그러니 삼성생명 출신 임원들이 전무 정도만 되어도 다른 회사의 사장직을 받고 나가 버리는 것이다.

▌ 보험영업 출신 임원들의 한계

다른 그룹에서도 마찬가지겠지만 삼성생명 사원들이 가장 피해의식을 많이 느끼는 부분은 비서실 출신 임원들이 삼성생명으로 와서 실권을 장악한다는 것이다. 삼성생명에서 임원이 되는 것조차 비서실의 결재를 받아야 하기 때문에 인사철이 되면, "임원들 인사가 왜 이렇게 늦어지지?" "아직 비서실 결재가 안 났다고 그러던데."라는 대화가 오간다. 임원이 되더라도 삼성생명 출신 임원들의 출세에는 한계가 있다는 것이 사원들의 기본 생각이다. 본사 주요 부서의 상무, 전무 이상 임원들은 최소한 비서실 물을 몇 년 먹어 본 사람들이 차지한다고 생각한다. 그러니 삼성생명 출신 임원들이 전무 정도만 되어도 다른 회사의 사장직을 받고 나가 버리는 것이다. 이제까지 그런 일들을 많이 보아 왔지만, 불과 얼마 전에도 보험영업 부문의 한 전무가 모 생보사의 사장으로 갔다는 것을 신문에서 보고 씁쓸한 기분이 들었다.

▌삼성생명 출신 사장도 경영을 잘했는데

몇 년 전에 오리지널 삼성생명 출신에서 사장이 된 분이 있었다. 몇 차례 씩 사장으로 승진하는 데 고배를 마시자 역시 삼성생명 출신은 사장이 되지 못한다면서 체념을 하기도 했는데, 워낙 영업이 잘되어 나가자 드디어 삼성 생명 출신 제1호 사장이 탄생했던 것이었다. 그 때만큼은 전 사원들이 자신 의 일인 것처럼 마냥 기뻐하고 자랑스러워했다. 그 사장은 1963년에 삼성생 명에 사원으로 입사하여 영업소장과 지점장을 두루 거친, 그야말로 보험쟁 이 출신이다. 사장이 된 이후에도 한 번씩 지점에 나가서 설계사들에게 조 회를 하면 설계사들이 그렇게들 좋아했다고 한다. 큰 키에 올백으로 넘긴 헤어스타일에다가 보험 외길을 걸어온 연륜에서 나오는 조회사가 설계사들 의 가슴에 와닿는 것이라고 했다. 몇 년 동안 그 사장의 인기는 상당했고 회 사도 지속적으로 발전했다. 그런데 그 사장도 3년의 임기를 채우고는 비서 실 출신 부사장에게 자리를 넘겨주어야 했다.

▌그릇의 크기

그전부터 비서실 출신의 임원이 득세하는 이유를 대는 사원들이 있었다. 비서실 출신 임원들과 삼성생명 출신 임원들과는 그릇의 크기에서 차이가

난다는 것이었다. 즉, 지방대 출신의 삼성생명 출신 임원은 재경부 보험국장에게도 줄을 못 대어서 쩔쩔매는 데 비해 명문대를 졸업한 비서실 출신 임원들은 친구들 중에 재경부 장관이나 국회의원들이 즐비하다는 것이다. 보험 몇 개 더 파는 일도 중요하지만 큰 로비를 하지 못하는 임원은 더 이상 진급을 하기 힘들다는 이유를 댔었다.

그래도 삼성생명 출신 1호 사장을 삼성생명 사원들, 특히 영업소장들은 꽤 존경했었고 그동안 삼성생명의 업적도 지속적인 신장세를 보였다.

'유니텔'에서 볼 수 있는 삼성그룹 이야기

유니텔의 토론 광장에 대해서 꼭 한마디만 하라고 한다면, 나는 'IMF 이후에 삼성에 대해서 욕을 하는 사람들이 위험 수위를 넘을 만큼 많아졌다.'라는 점을 들고 싶다.

▌유니텔의 '토론 광장'

아는 사람은 다 알겠지만 PC 통신 중의 하나인 '유니텔'은 삼성에서 운영하고 있다. 유니텔 내에는 PC 통신자들이 주제를 하나 정해 놓고 자유롭게 자신의 의견을 발표하는 '토론 광장'이라는 코너가 있다. 재미있는 것은 삼성이 운영하는 유니텔의 토론 광장에서 가장 자주 도마에 오르는 메뉴가 '삼성'이라는 기업 그 자체라는 것이다. 현대나 대우 등 다른 대기업에 대해서는 거의 토론을 하지 않지만, 유독 삼성에 대해서는 내가 보아도 지나치다 싶을 정도로 자주 토론을 벌이고 삼성에 대한 비방도 원색적으로 한다.

거기에서 참가자들은 '노조도 없는 삼성' '삼성을 너무너무 사랑하는 이유' '삼성은 곧 망한다' '대학생들이 가장 취업하기 원하는 삼성' 등으로 편이 갈리어서 설전을 벌이고, '삼성 자동차에 대하여'라든지 '기아! 현대! 대우! 정신 좀 차려라'라는 식으로 삼성 자동차에 대해서도 격론을 벌인다. 그 흐름은 대충 이런 식이다. 처음에 안건을 내놓는 사람은 항상 삼성을 비판하는 입장에 있는 이들이다. 재벌이 어떻고, 환란이 어떻고, 노조가 어떻고 하면서 삼성은 각성하라고 목소리를 높인다. 그러면 삼성을 옹호하는 사람들이 나와서 '삼성의 경쟁력'이나 '삼성의 친절 서비스'를 들고 나오면서 그래도 삼성이 제일이라고 반격을 가하는 것이다. 그러면 삼성을 비판하는 측에서는, '삼성맨들은 자기 그룹에 대한 자긍심이 대단히 강한 것 같아 놀랍다. 교육이 잘된 것인지 아니면 삼성이라는 종교의 독실한 신자들이라서 그런지.' 하면서 혀를 차대는 것이다. 그러나 삼성이라는 그룹의 잘잘못을 따지고, 우리나라 경제에 대한 플러스 요인과 마이너스 요인을 정확하게 산출해 내는 것이 불가능하듯이 이런 토론에 결론이라는 것은 나오지 않는 법이다. 이런 글들을 읽으면서 내가 느낀 바는 사람들이 너무 삼성에 대해서 모른다는 것이다. 삼성을 비방하는 사람이든 옹호하는 사람이든 무조건 '삼성은 망해야 한다.'라고 하거나 '삼성은 최고다.'라고 하는 등의 목소리만 높였지, 삼성이 무엇을 잘하고 무엇을 못하고 있는지에 대해서 그렇게 깊이 있게 따져보지 않는 것이다.

그리고 생각보다 삼성의 '적'들이 많다는 것도 느낄 수 있다. 삼성을 비방하는 사람이 7대 3 내지는 8대 2 정도의 비율로 압도적으로 높게 나타난다.

하지만 그 정도까지는 '사람들이 삼성을 이렇게까지 생각하는구나, 삼성이 힘들겠구나.' 하는 정도로 이해할 수 있는 건전한 토론 문화로 볼 수 있다. 그런데 문제는 차마 듣기 민망할 정도의 원색적인 비방이 난무한다는 점이다. 솔직히 말하자면, 삼성이라는 기업에 대해서 너무 심한 글을 올리는 사람들을 나 자신도 어떻게 생각해야 할지 모를 지경이다. 한 기업에 대해서 말도 안 될 뿐 아니라 게다가 근거도 없는 비방을 한다는 것은 큰 잘못이라는 생각을 하다가도, 그 사람들이 그렇게 말하는 데는 그만한 이유가 있을지도 모른다는 생각도 들기 때문이다. 다음의 인용문은 내가 읽고 나서 어떻게 받아들여야 할지 갈피를 잡을 수 없었고, 또 한동안 기분을 우울하게 만들었던 그런 글이다.

▌삼성을 모략하는 20가지 유언비어(유니텔에 나온 제목)

어떤 인쇄물에서 본 얘긴데, 삼성을 아래와 같이 비난하더군요. 그러나 제가 볼 때에는 국내 기업 가운데 삼성처럼 이미지가 좋고, 직원들에 대한 처우가 좋고, 상황에 순발력 있게 대처하는 기업은 없다고 생각해요. 아래와 같은 유언비어가 왜 나도는지에 대한 이유나 혹은 그에 대한 반론을 듣고 싶군요.

1. 삼성은 국민 경제에 대한 기여도가 매우 낮은 기업이다.
2. 삼성 계열사는 대개가 소비재 산업 일색이다.
3. 삼성은 창업보다는 인수/합병을 통해 성장해 왔다.
4. 삼성에 대한 선호도는 광고/홍보/로비 삼위일체의 조작된 이미지에 기인한다.
5. 삼성은 노동자를 탄압하는 기업이다.
6. 삼성은 정경 유착, 권력 편향의 대명사이다.
7. 삼성은 정치, 관료, 언론, 법조계의 낙하산 연습장이다.

8. 삼성 자동차는 회장의 실수를 국민들의 부담으로 떠넘기는 회사이다.

9. 삼성생명은 고객의 미래를 계열사의 사금고로 악용하는 회사이다.

10. 중앙일보는 삼성에 의한, 회장을 위한, 재벌의 언론이다.

11. 유니텔은 얄팍한 정보를 비싼 값에 팔아먹는 통신 매체이다.

12. 삼성의료원은 최고의 시설, 최상의 가격, 최악의 진료를 행하는 기업이다.

13. 에버랜드는 서커스단의 발전된 형태이다.

14. 삼성은 말로 앞서가고, 행동으로 사고 친 뒤, 돈으로 메꾸는 기업이다.

15. 삼성은 안에서 벌어서 밖에다 흘리는 기업이다.

16. 삼성은 폐쇄적이고 이기적인 정보관리를 하는 기업이다.

17. 삼성은 1인 독재, 100인 감독, 1000인 기획, 10인 생산하는 기업이다.

18. 삼성의 모든 시스템은 일본의 것을 모방한다.

19. 삼성의 로비는 1류, 기획은 2류, 서비스는 3류, 제품은 4류이다.

20. 직원은 회사를 칭찬하고, 관리자는 침묵하며, 퇴직자는 비난하는 기업 삼성

그래도 이 정도의 비방은 양반 축에 속하는 것 같다. 차마 입에도 못 담을 만큼의 극단적인 말들도 많이 실리고 있다. 유니텔의 토론 광장에 대해서 꼭 한마디만 하라고 한다면, 나는 'IMF 이후에 삼성에 대해서 욕을 하는 사람들이 위험 수위를 넘을 만큼 많아졌다.'라는 점을 들고 싶다. 그 이유에 대해서나 치유 방법에 대해서 삼성에서도 '새로운 시각'으로 접근해 보아야 한다고 생각하는데, 단 옛날과 같은 '관리 마인드'가 아닌 새로운 시대에 대비하는 '열린 마음'을 먼저 가져야 할 것이다.

▌유니텔에 나오는 유니텔 비판

　유니텔의 토론 광장에서 본 또 다른 재미있는 풍경은 유니텔의 서비스나 선전 방법에 대한 비판의 글이 많이 실린다는 점이다. 유니텔이 너무 자주 다운된다든지, 유니텔의 정보가 유료가 너무 많은데 돈벌이보다는 이용자의 편의도 생각하라든지, 삼성에 대한 광고를 너무 많이 한다는 등의 비판이 그것이다.

　그런 생각은 나도 해 본 적이 있는데, 왜냐하면 크게 한번 속았었기 때문이다. 유니텔의 초기 메뉴 화면의 왼쪽 하단에 크게 뜨는 단추가 하나 있었다. 초기 메뉴의 다른 단추보다 열배는 더 큰 사이즈의 이 단추에는 '올리실 분은 누르세요.'라고 적혀 있었다. 무엇을 올리고 싶을 때에 눌러야 되고, 누르면 무슨 내용이 나올까 하는 것이 궁금했지만 항상 궁금증을 접어둔 채 내가 보고자 하는 화면으로 직행했다.

　그러던 중 하루는 큰마음 먹고 그 단추를 눌렀다. 거의 한 달 동안 궁금해 했던 그 단추를 눌렀더니 다음 화면에 'PCS 플립 이젠 올리세요. 위로 올리는 PCS 삼성 애니콜, PCS 플 립 업' 하는 선전이 나오는 것이 아닌가? 혼자서 웃음을 머금을 수밖에 없었다.

탱크주의 제품 'D망치'

입사 후 'H사는 무슨 일이든지 무대포로 밀어붙인다.'라는 말을 수없이 들어왔는데, 그때마다 일을 정교하게 하는 삼성에 대해서 자부심을 가졌었다. 그런데 최근 2, 3년 동안은 삼성이 H사의 무대포를 조금은, 아주 조금은 배워도 된다는 생각을 하게 되었다.

▌ 망치는 역시 'D망치'

몇 년 전부터 D그룹은 '탱크주의'를 기치로 내걸고 상당한 홍보 효과를 올렸다. 그중에 텔레비전의 브라운관을 망치로 내려쳐서 쉽게 깨어지지 않는 모습을 방영하면서 탱크주의를 선전한 CM이 있었다.

거기에 대한 재미있는 농담이 하나 있다. D사는 아직 브라운관을 제대로 못 만들기 때문에 주로 삼성전관이나 삼성코닝에서 만든 브라운관을 자사 텔레비전에 사용하고 있다. 그래서 선전에 나와서 망치에 두들겨 맞아도 깨어지지 않는 그 탱크 브라운관은 삼성제품일 가능성이 많다. 따라서 D사는 삼성제품을 비싼 돈 들여가면서 선전하고 있는 것이다.

그러면 도대체 D사에서는 무엇을 두고 자신의 제품이 탱크주의라고 선전하고 있는 것인가? 거기에 대해 아주 명쾌한 해답이 있다. 그 선전에 나온 망치가 바로 'D 중공업'에서 만든 망치이며, 따라서 이 선전은 그 망치가 탱크주의 제품임을 나타낸 것이라는 농담이다.

❙ A사의 휴대폰은 99%가 수입품

회사에서 마련한 교육 프로그램에 삼성전자 과장이 나와서 강의를 했다. 몇 년 동안 퇴근을 한 적이 없을 정도이고, 토요일은 물론 일요일도 쉬지 않고 열심히 연구하고 일해서 삼성에서 주는 큰 상을 받았다고 하는 그 과장은 그날도 전날 꼬박 밤을 새우고 강의하러 나왔다고 했다.

그 강사의 강의 요지는 대충 다음과 같은 것이었다. "A사는 아직 휴대폰을 만들 기술이 없어서 부품의 99%를 수입하여 조립만 한 후 판매하고 있다. 그런데 휴대폰은 삼성이 워낙 품질이 좋아서 그 수입품도 경쟁이 안 된다. 그럼에도 불구하고 A휴대폰은 김 모라는 인기 여자 탤런트가 선전을 하는 덕에 어느 정도 판매를 하고 있다. 그러니 우리가 무심코 A 휴대폰을 살 때마다 이익의 대부분이 외국에 로열티로 나간다는 사실을 명심해야 한다. 한 대 팔아 보았댔자 A사에 돌아가는 이익은 거의 한 푼도 없다. 그럼에도 불구하고 A사에서 울며 겨자 먹기 식으로 휴대폰을 수입하고 판매하는 이유는 무엇인가? 명색이 종합가전사인 A사가 휴대폰 하나 못 만든다고 하면 망신감이 되기 때문에 휴대폰도 팔긴 팔아야 하는 것이다."

강의를 듣고 사실이 그럴 것이라고 믿었고, 지금도 그 강사가 일부러 거짓말을 했을 리는 없다고 보는 한 그럴 가능성이 높다고 생각한다.

▍영원한 라이벌 H사

뭐니 뭐니 해도 삼성의 가장 큰 라이벌은 H사인 것 같다. 술을 마시거나 당구장에서 놀다가 누가 남이 보기에 민망할 정도의 실수를 하거나 추태를 부리면 옆에 있던 사원이 장난으로, "아줌마, 우리 H사에서 왔어요."라고 말하면서 한바탕 웃는다. 하고 많은 기업을 두고 구태여 'H사'라고 하는 것을 보면 재미있다.

입사 후 'H사는 무슨 일이든지 무대포로 밀어붙인다.'라는 말을 수없이 들어왔는데, 그때마다 일을 정교하게 하는 삼성에 대해서 자부심을 가졌었다. 그런데 최근 2, 3년 동안은 삼성이 H사의 무대포를 조금은, 아주 조금은 배워도 된다는 생각을 하게 되었다. 감사를 받아도 H사는 특별히 감사 준비를 하지 않고 감사관에게도 잘 대해 주지 않는다고 한다. 거기에 비해 삼성은 감사 준비를 몇 개월씩 하고 감사관에 대해 모든 로비를 다 한다고 한다. 자동차 판매도 H사는 아예 내놓고 직원들에게 할당하는데, 삼성에서는 다 아는 사실도 혹시 언론에 나갈까 봐서 조용조용히 추진한다. 구조조정 과정에서 직원을 감원할 때에도 H사는 몇 명을 하겠다고 밝히는 데 비해서 삼성에서는 몇 명을 하는지 아무도 모른다고 하기 때문이다.

삼성생명의 라이벌은 없다

2위사와 3위사를 합쳐 놓아야 삼성생명과 비슷한 규모가 되니 라이벌이라는 표현을 쓸 필요가 없지만, 그보다도 삼성생명에서는 2위사와 3위사가 무슨 일이든지 삼성 생명을 모방한다고 믿고 있기 때문에 한 수 아래로 보는 것이다.

▌보험업계의 선두주자 삼성생명

삼성생명에 다니는 8년 동안 '삼성생명의 라이벌'이라는 단어를 들어 본 적이 없다. 2위, 3위를 달리는 회사와의 격차가 워낙 커서 라이벌이 될 수 없다는 회사의 방침에 따라 삼성생명은 '수위사'이고 그 다음은 '차위사'이지 결코 라이벌은 존재하지 않는다는 것이다. 2위사와 3위사를 합쳐 놓아야 삼성생명과 비슷한 규모가 되니 라이벌이라는 표현을 쓸 필요가 없지만, 그보다도 삼성생명에서는 2위사와 3위사가 무슨 일이든지 삼성생명을 모방한다고 믿고 있기 때문에 한 수 아래로 보는 것이다.

아주 오랜 옛날에는 삼성생명과 교보생명이 1위, 2위를 다투었지만 지금은 삼성생명이 큰 차이로 앞서 나가고, 반면에 교보생명과 대한생명의 격차가 좁아져서 2위 다툼이 치열해졌다. 대한생명이 공격적인 영업을 취한 까

닭에서였다.

▌ 대한생명에 대한 분석

  그 당시에 대한생명에서 왜 그렇게 엄청난 저력을 발휘할 수 있었는지에
대해서 분석을 해 본 적이 있었다. 과장을 비롯해서 3~4명의 인원이 달라붙
어 조사를 하고 보고서를 만들었는데, 꼬박 2주일 정도 소요되었다. 사장은
아주 훌륭한 보고서라고 칭찬을 했고, 그 보고서를 다른 부서 임원에게 보
여 주면서 "보고서는 이렇게 써야 한다."라고 말했다는 이야기를 들었다. 그
때 내가 놀란 것은 대한생명에 대한 정보를 아주 깊은 곳까지 캐내는 삼성
생명의 정보력에 대해서였다. 그렇다면 삼성생명의 정보도 그렇게 상세하
게 상대방 회사에 누출될 수도 있다는 생각이 들었다.

▌ 교보생명과의 약속

  1997년 결산을 하면서 삼성생명은 교보생명에게 뒤통수를 얻어맞았다고
한다. 우리나라 대부분의 회사와 마찬가지로 생보사의 결산은 제대로 감사
를 받는 것이 아니기 때문에 얼마든지 이익을 줄였다 늘렸다 할 수 있는 것
으로 알고 있다. 올해 초에 IMF 여파로 보험 해약이 급증했고 그로 인한 흑
자가 너무 커서 삼성생명과 교보생명은 그 흑자를 가지고 주식 평가손을 메
꾸는 데에 사용하기로 했다고 한다.

양사는 합의를 하여 어느 선에서 흑자를 맞추기로 합의를 했는데, 결산 며칠을 앞두고 갑자기 교보생명에서 이익 규모를 늘리는 바람에 1997년도의 흑자는 교보생명이 삼성생명보다 더 많이 나오게 되었다고 한다.

'조직 슬림화'는 불필요한 일안하는 것

아직 인력이라는 것이 인사부서나 회사에서 주는 것이니까 많이 받으면 많이 받을수록 좋다는 인식이 깔려 있었던 듯하다. 부서별로 자기 돈을 들여서 인력을 고용한다면 아마 지금보다 훨씬 적은 인력만으로 꾸려 갈 것이며, 그런 것이 바로 선진국 기업의 경영 방식이다.

▎부서원을 줄여도 부서가 잘 돌아가는 이유

사람은 다른 동물과 달라서 열심히 일해서 인정을 받고 목표를 성취하고자 하는 욕구가 있다. 그래서 밤늦게까지 일을 하더라도, 개인의 희생이 따르더라도 묵묵히 참고 일을 하는 것이다.

또 한 가지, 눈앞의 편안함과 남들만큼 즐기면서 살고 싶다는 욕구를 참고 견디는 것은 지금 자신이 하고 있는 일이 보람된 일이라고 믿기 때문에 가능하다. 자신이 하고 있는 일의 참 의미와 보람을 느끼지 못하고 장시간 책상앞에 앉아 있는 것은 고통인 동시에 자신에게나 회사에게나 낭비에 지나지 않는다고 볼 수 있다. 그런데 나만 하더라도 이제까지 형식을 위한 형식, 보고를 위한 보고, 실적을 위한 실적을 위해서 보낸 시간이 너무 많았다고 느낀다. 대부분의 사원들은 필요 없는 일만 하지 않더라도 누구든지 4시가 되면 퇴근을 할 수 있다고 믿는다. 반드시 필요한 일만 한다면 자기 계발은 물론이거니와 가족과 함께 꿈같은 시간도 보낼 수가 있다고 생각하는 것이다.

IMF가 오기 10년 전부터 회사에서는 '조직 슬림화 운동'을 해 왔다. 각 부서 인원의 10% 내지 30%를 줄인다는 목표 아래 업무량을 조사했다. 정말로 필요한 업무만을 할 경우에 어느 정도까지 인력을 절감할 수 있는지 알아보기 위해서 개인별로 진행 중인 모든 업무를 적어 내도록 했다. 아침에 출근해서 퇴근할 때까지 한 일들을 10분 단위까지 쪼개어서 측정했던 것이다. 그런 작업이 있은 후에 이를 토대로 부서의 인력을 줄였다. 선배들이 하던 말은, "그렇게 인원을 줄여도 신기하게 모든 업무가 제대로 돌아가고 불편한 일이 없었다."라는 것이다. 그동안 그만큼 안 해도 되는 일을 하고 있었는지도 모르고, 일손이 부족하면 부족한 대로 꼭 필요한 일만 하면 큰일이 일어나지 않는다는 말이 될 수도 있다.

그런데 그 다음이 더 문제이다. 그런 대대적인 운동이 있은 후에는 또다시 알게 모르게 부서원이 그전처럼 불어나고, 또 다시 안 해도 되는 일들을 한다는 것이다. 아직 인력이라는 것이 인사 부서나 회사에서 주는 것이니까 많이 받으면 많이 받을수록 좋다는 인식이 깔려 있었던 듯하다. 부서별로 자기 돈을 들여서 인력을 고용한다면 아마 지금보다 훨씬 적은 인력만으로 꾸려 갈 것이며, 그런 것이 바로 선진국 기업의 경영 방식이다.

▎몇 주씩 걸린 '해외투자 지도' 만들기

한번은 임원이 삼성생명의 해외투자 지도를 만들어 보라고 했다. 세계지도를 먼저 그려 넣고, 그 위에 국가별로 삼성생명 이 투자한 금액과 거기에 있는 거래처들을 적어 놓아 일목요연하게 볼 수 있도록 하되, 컬러 프린트로 뽑을 정도로 고급으로 만들어야 한다고 했다. 용도는 단지 임원실에 붙여 놓기 위해서라는 것이었다. 부장이 그 오더를 받아 와서 아주 황당해하고, 어떻게 해야 할지 고민을 많이 하다가 한 사원에게 지시를 했다. 지시를 받은 사원은 그 일을 들고 열흘 정도 끌었고, 그동안 부장은 임원에게 빨리 해 오지 않는다고 채근을 받았다. 열흘 이상이 걸려 겨우 만들기는 했으나, 컬러 프린터로 인쇄를 하는 것이 문제였다. 회사 내에 컬러 프린터가 있는 부서에 가서 프린트를 해 보았지만 원하는 수준으로 나오지 않자 두 손을 들고 말았다. 결국은 부장이 집에 가서 프린트를 해 왔다. 디자인을 전문으로 하는 사모님의 도움을 받아서 완성해 온 그 그림은 꽤 고급스럽게 보였다. 내 기억으로 그 작업은 3주 정도는 족히 걸렸던 것으로 안다. 그런데 문제는 거기서 끝이 나지 않고 해외투자에 변동이 있을 때마다 한번씩 그 투자지도를 새로 만들어야 한다는 점이었다. 그러나 그 후로 다시는 그 지도를 만들지 않았다.

▎지속되지 않을 일

또 다른 임원은 해외투자를 하는 부서이니 거기에 어울리게 '엔, 달러 환율'이나 미국의 '다우 지수' 등의 큰 그래프를 벽에 붙이라고 지시했다. 그런 그래프를 구하기가 힘이 들어 평소에 주식 주문을 많이 해 주었던 외국 증권사에 부탁을 했었는데, 만들어 온 것을 보니 아마 그쪽에서 일부러 돈을 들여 만든 것 같았다. 그 그래프를 과장 한 명과 사원이 힘을 합해서 겨우 벽에 붙이기는 했는데, 이놈의 그래프가 테이프의 접착력이 약해서인지 사흘이 멀다 하고 벽에서 떨어지곤 했다. 지도 밑에 앉아 있던 한 부장은 거기에 대해 불만이 많았었다. 이렇듯 힘을 들여 그래프를 잘 붙이기는 했지만 또 다른 문제는 매월 새로운 실적에 대해서 그 그래프를 업데이트시켜 나가야하는 것이었다. 그 그래프는 만드는 당시의 그래프까지만 나오게 되어 있어 더 이상의 공간이 없었기 때문이다. 지금은 그 작업을 누가 하고 있는지 모르겠다. 아니, 그 일도 더 이상 하지 않고 있다고 단정 짓는 편이 옳을 것 같다. 애초에 하지 않아도 되는 일이었던 것이다.

▌ 3박 4일의 작품

'전략회의'는 전사의 간부가 다 모인 곳에서 부서별로 한 해의 계획을 발표하는 행사이다. 그 해가 바로 회사에 '파워포인트'라는 프레젠테이션 프로그램이 처음 소개된 때라고 기억된다. 그전에는 기껏해야 슬라이드나 OHP로 발표를 했었는데 새로운 시스템은 큰 화면에 컴퓨터로 화면을 띄우고 키만 누르면 화면이 넘어가는 것이었다.

발표 자료가 다 만들어진 시점에서 회사에서는 처음 도입되는 파워포인트로 발표 문서를 만들 것을 지시하고, 파워포인트를 사용하는 방법을 교육했다. 교육을 받은 각 부서에서는 자기 부서의 문서를 파워포인트로 만들기 시작했다.

그 작업은 그런 보고서를 가장 잘 만드는 대리 한 명이 맡았는데, 과장도 거기에 끼었다. 전사의 부서원들이 모여서 작업하는 전산실에 과장이 몇 번가 보고는 그 발표 자료를 아 주 멋있게 만들고자 하는 의욕이 생겼다. 그래서 과장과 대리, 두 명이 그 작업에 심혈을 기울였다. 첫날 하루 종일 자료를 꾸미느라고 밤을 꼬박 새우고 거의 새벽 3시경에 집으로 돌아갔다. 다음 날도 그 작업은 계속되었고 그날은 새벽 1시 무렵에 퇴근했다. 일이 그쯤 되자 옆에서 보던 다른 부서의 사원들과 간부들도 처음부터 다시 자료를 만드는 등 야단이었다. 그 다음날은 자료를 완성시키고 마지막 예행연습까지 해야 했는데, 역시 과장과 그 대리는 단 한숨도 못 자고 밤을 새운 채 바로 행사장으로 향했다. 발표가 끝난 후에 우리 부서의 발표가 제일 멋있었다고 다들 자랑스러워했다.

책을 만들어 내기 좋아하는 풍토

다 만들고 나서 보니 제법 괜찮은 책이 되었고, 주위에서도 내용이 재미있다고 했다. 그 책을 본사는 물론이고 전국의 지점에 나누어 주었다. 그런 것도 하나의 업무라고 하면서 넘길 수 있지만, 아무래도 기획 부서에서 사원이 한 달 이상 걸려서 책을 번역할 이유는 없다고 생각한다.

▌앞다투어 책 만들기

회사에서는 책을 만들어 배포하는 것을 유난히도 좋아하는 것 같다. 그 부서의 업무와 관련된 책이 나오기도 하지만 전혀 관계가 없는 내용의 책을 만들기도 하는데, 그럴 여유가 있는지 의문스럽다.

신입사원 시절이었다. 부서에서는 조금이라도 여유가 있으면 새로운 일을 기획해서 만들어 냈다. 그때 부서가 한가했는지는 기억나지 않지만 외국 서적을 번역하는 일을 맡은 적이 있었다. 기획 부서에서 책을 만들 이유가 전혀 없었지만, 아마도 무슨 일을 할 것인가 고민을 하던 중에 지역 전문가로 미국에 갔다 온 대리 한 명이 자신이 미국에서 읽은 책이 아주 좋았다고 하면서 그 책을 번역하자고 제의했던 것 같다. 그 책은 '세일즈맨들이 성공하기 위한 비법 50가지' 정도의 내용이었다. 당연히 처음에는 그 제안을 한 대리가 원고를 썼다. 그런데 그 대리가 다른 업무들이 많아서 그랬는지 확실하지는 않지만 나에게 번역을 하라고 지시를 내렸다. 지시에 따라 번역을 하기 시작했지만 내 생각에도 한심하기 짝이 없었다. 그 당시 나의 영어 실력은 토익 600점 정도였다고 생각된다. 900점 이상을 받은 그 대리 같으면 진도가 줄줄 나갔겠지만 내가 하려니 잘 해야 하루에 10페이지 번역하는 것이 고작이었다. 그것도 정확하게 번역이 안 되는지라 해석도 두루뭉술하게 하는 수밖에 없었다.

그래도 열심히 하다 보니 번역을 끝낼 수는 있었다. 겨우 완성을 한 순간 문득, '이런 것을 번역해서 사내에 배포한다면 미국에서 자주 걸고넘어지는 지적 소유권 문제에 해당되지는 않을까?' 하는 생각이 떠올랐다. 비전문가들이니 거기까지 사전에 생각이 미치지 못했던 것이다.

화들짝 놀라서 여기저기에 물어보았지만 정확한 답변을 듣기란 쉽지 않았다. 나중에 그 책이 쓰여진 연도가 오래 되어서 그런 문제가 없을 것이라는 누군가의 말을 듣고 겨우 안심이 되었다. 홍보실에 부탁해서 사보에 만화를 그리는 화백에게 그림도 몇십 커트 그리도록 해서 넣었다. 다 만들고 나서 보니 제법 괜찮은 책이 되었고, 주위에서도 내용이 재미있다고 했다. 그 책을 본사는 물론이고 전국의 지점에 나누어 주었다. 그런 것도 하나의 업무라고 하면서 넘길 수 있지만, 아무래도 기획 부서에서 사원이 한 달 이상 걸려서 책을 번역할 이유는 없다고 생각한다.

▌ '연구회'마다 번역하기

이보다 더 심한 경우도 있다. 한때 '관심분야연구회'라는 것이 유행한 적이 있었다. 특정 분야에 대해서 관심이 있는 사원들이 모여서 주로 점심시간 등을 이용하여 서로 토의하고, 좋은 결과가 나오면 발표도 하는 모임이었다. 전사 차원에서 그런 연구회를 설립하여 신고하면 활동비와 자료비도 지원해 주었다. 처음에 임원이 이 모임에 대해서 칭찬을 했더니 각 부서의 부장들이 나서서 부서마다 연구회를 몇 개씩이나 만들었다. 물론 당시에 몇십 개나 되던 그 연구회가 지금은 거의 없어지지 않았나 싶다. 애당초부터 사원들의 자발적인 모임이 아니라 부서별로 생색내기 위해서 만들어졌었다는 반증인 셈이다. 나도 '일본 연구회'라는 것을 만들어서 회원들에게 일본에서 가져온 비디오도 보여 주고 일본 관련 주간지를 읽고, 발표도 했었다.

그런 관심분야연구회의 아주 초창기에 어느 연구회에서 자기들이 발표한 내용을 모아서 책으로 만들었는데, 임원으로부터 큰 칭찬을 받았다. 각 연구회에서 책자를 만들어 내겠다고 야단들이었는데, 우리 부서에서도 즉시 '아시아 연구회'라는 것을 만들었다. 주요 활동은 두꺼운 외국 책을 번역하여 발표를 하는 것이었는데, 그 발표 자료들을 모아서 책으로 엮어 보자고 하였다. 사람마다 분량을 정해서 억지로 번역을 시작하였다. 그런 자료가 책이 되어 나온들 읽어 줄 사람이 과연 몇 명이나 될까 하는 데 생각이 미치면 정말로 비생산적인 일이라는 느낌이 절로 드는 것이었다. 결국은 그 작업도 중도에서 중지되고 말았다.

일본 사람들에게도 영어 편지를 보내라

사원들은 영어가 국제 공용어이니 영어로 편지를 쓰는 것이 더 낫다고 생각했다. 실제로 일본 사람들도 자기 능력만 뒷받침된다면 영어로 편지를 보내오는 경우도 있었다. 흔히들 일본 사람들은 영어 잘하는 사람들에게는 기가 죽는다고 하지 않던가?

▌ 일본어 편지 쓰기

일본의 생보사들과 유대를 돈독하게 맺고 있는 회사에서는 일본 생보사에 편지를 쓸 일이 많다. 연말연시가 되면 반드시 인사를 해야 하는 리스트가 있으며, 회장과 사장들 사이의 경조사는 물론이고 상호 협력관계에 대한 편지도 자주 오고간다. 일본에 출장을 가거나 일본 사람을 부서로 초빙하여 강의를 들은 다음에도 감사 편지를 써야 했으니, 부서마다 일본어로 편지를 쓰느라고 야단이었다. 특히 내가 있던 부서에서는 일본어 편지를 자주 썼는데, 이것은 여간 까다로운 일이 아니었다. 최고 경영진이 일본 생보사의 사장이나 회장 정도 되는 사람에게 편지를 쓸 때면 삼성생명에서 자신 있게 편지를 처음부터 끝까지 마무리 지을 사람이 단 한 명도 없었다. 일본어 강사라고 해도 안 될 것이며, 실제로 일본인이라도 맡기고 편지를 쓰게 할 수가 없다. 대한민국 국민이라고 다 대기업 사장에게 편지를 쓸 정도의 문장력이 되는 것은 아니듯이 말이다. 물론 일본 주재원 출신으로서 일본인 못지않게 일본어에 능통한 부장이 있긴 했지만 그래도 역부족이었다. 내가 초안을 잡으면 부장이 거의 완벽하게 손을 본 후, 일본 주재 사무소에 보내서 확인을 받은 다음에야 임원에게 보여 준다. 임원이 읽고 전체 내용에 넣고 싶은 말이 있어서 추가로 넣을 것을 지시하면 그 부분을 일본어로 추가 삽입하였는데, 역시 누군가가 봐 주어야 했다. 한때 일본 생보사 중 두 개의 회사에서 우리 회사에 파견한 사원들이 있어서 그들의 도움을 받기도 했다.

▌일본 사람들에게도 영어 편지를 보내라

이처럼 일본어로 편지를 쓰는 것은 어려운 반면에 국제 공용어인 영어로 편지를 쓰면 아주 간단하다. 회사에 영어를 잘하는 사원들이 수두룩한데다가 일단 영어로 편지를 쓰면 비록 문법상으로나 문맥상으로 어색한 표현이 있더라도 그것을 읽는 일본 사람도 대충 넘어갈 터이니 쉬울 수밖에 없다. 물론 몇 번 일본에 보내는 편지를 영어로 보내자는 제안을 했지만 잘 먹혀 들어가지 않았다. 예의를 중시하는 일본인에게 그들 언어로 편지를 써서 보내는 편이 감사의 뜻을 더 잘 표시하는 것이 아니겠느냐는 이유에서였다. 그럼에도 불구하고 사원들은 영어가 국제 공용어이니 영어로 편지를 쓰는 것이 더 낫다고 생각했다. 실제로 일본 사람들도 자기 능력만 뒷받침된다면 영어로 편지를 보내오는 경우도 있었다. 삼성생명이 아닌 다른 회사도 마찬가지로 생각해 볼 필요가 있는 문제라고 생각한다. 흔히들 일본 사람들은 영어 잘하는 사람들에게는 기가 죽는다고 하지 않던가?

　이제까지 말한 것처럼 회사에서는, 비록 내 생각이긴 하지만, 꼭 필요하지 않은 일들을 많이도 한다. 그런 일을 다 하고도 기본 업무도 잘하면 금상첨화이겠지만, 부서든 사람이든 능력과 용량에는 한계가 있는 법. 부가적인 일을 잘하려고 하면 할수록 기본 업무에 그만큼 소홀해지는 것은 당연한 귀결 아니겠는가. 만일 둘 다 잘한다고 하더라도 부가적인 데에 들어가는 힘을 기본적인 곳에 더 실어야 하는 것이 옳다고 본다.

새로운 제도보다 있는 제도를 충실히

물론 그런 제도가 다 불필요하다는 것이 아니라 최소한의 범위를 생각해 보고 운영
해야 한다는 뜻이다. 그 최소한의 범위를 나는 '사원들이 자발적으로 참여하는 수준'
이라고 본다.

▌ '자발적 참여'가 가장 적당한 수준

부서별로 부수적인 업무를 하느라고 기본 업무에 충실하지 못하는 경향
이 있을 뿐 아니라 회사 전체적으로도 그런 현상이 있다고 본다. 무엇인가
새로운 일을 해야만 한다는 발상에서 파생되는 문제들이지만, 새로운 일을
하는 것보다는 있는 일을 충실히 하는 것이 더 낫지 않은가 생각한다. 처음
새로운 제도를 만든 취지는 좋았음에도 불구하고 나중에는 그 제도에 대한
실적을 챙기느라고 본래의 의미는 퇴색하고 타성적으로 움직이는 것을 많
이 보아 왔기 때문이다. 미래의 생존 경쟁력을 높이기 위해서 단 1초라도,
단 한 사람의 인력이라도 아껴야 하는 시대에 그런 제도들이 너무 많은 것
도 문제인 것이다. 물론 그런 제도가 다 불필요하다는 것이 아니라 최소한
의 범위를 생각해 보고 운영해야 한다는 뜻이다. 그 최소한의 범위를 나는

'사원들이 자발적으로 참여하는 수준'이라고 본다. 부서별 실적을 취합하기 때문에, 비서실에 보고를 해야 하기 때문에, 기업 이미지를 위해서 하면 안 된다는 말이다. 그리고 이런 제도도 필요하지만, 그것은 기본을 충실히 한 후에 해야 한다고 본다.

▌'제안'이라는 것은

나는 한때 제안 담당자로 일한 바가 있으므로 제안제도에 대해서는 어느 정도 잘 알고 있다. 물론 어떤 제도라도 새로운 것을 도입하고 거창한 계획을 상부에 보고하는 등 생색을 내어야 하는 분위기에서 제안제도도 매년 바뀌어 가고 있으니, 지금의 제도에 대해서는 잘 모를 수도 있다. 그런 것이 오히려 문제가 아닌가 싶다. '제안'이라는 것은 별다른 것이 아니다. 사원이 좋은 아이디어가 있으면 회사에 제안하고, 그 아이디어가 좋으면 실행하여 회사의 생산성 증대라든지 경비 절감에 도움이 되면 그것으로서 족하다. 그리고 회사에서는 그에 대한 응분의 보상으로 시상을 하면 그것이 제안제도의 처음이자 곧 마지막이 될 터이다. 더 이상의 것은 필요 없다. 그런데도 회사에서는 이 제안제도도 매년 새롭게 바꾸어 나가는 것이다. 일반 제안이 있고, 현장 제안이 있는가 하면, 소그룹 제안, 상품 제안, 심지어 테마 제안까지 있다. 이처럼 새로운 것을 만들어 내는데, 그런 것이 다 필요한지 자못 의문스럽다. 제안뿐 아니라 모든 일이 그런 식이다. 새로운 것을 만들어서 사장에게 보고하기를 너무 좋아하는 것 같다. 그것이 얼마나 바람직하지 못한 일인가는 있는 제도를 잘 운영할 생각은 하지 않고, 교육부 장관이 바뀔 때마다 교육제도를 바꾸는 우리나라의 교육제도를 보면 잘 알 수 있을 것이다.

▌ 제안 담당자

말이 나왔으니까 하는 이야기지만, 제안 담당자로 있을 때가 아득하게만 느껴진다. 그때에는 참 열심히 뛰어다닌 것 같다. 예를 들어서 제안이 3천 건이 들어왔다고 하자. 맨 먼저 할 일은 그것을 심사해 줄 부서로 보내거나, 너무 말이 안 되는 제안은 기각시킨다. 기각을 시키려면 거기에 대한 사유를 적어야 되는데, 몇천 건을 심사하다 보면 생각보다 시간이 많이 걸려서 전 부서원이 나누어서 해야 할 정도였다.

해당 부서로 보내는 것도 만만치 않다. 제안의 정확한 내용과 각 부서의 하는 일을 속속들이 알지 못하면 어떤 제안이 어떤 부서로 가야 할지 애매한 경우가 너무도 많기 때문이다. 그렇게 신경을 써서 분류를 해도 부서를 잘못 찾아가는 제안이 많았다. 예를 들어서 똑같은 일이라도 그 제안에 대해 향후 사용하는 부서와 시스템을 개발하는 부서가 있으니, 어느 쪽으로 주어야 할지 애매한 것이다.

이와 같은 절차를 거쳐 해당 부서에 심사를 의뢰하는데, 해당 부서에서 부탁한 기간까지 검토를 잘 끝내 주지 않으면 담당자인 내가 애를 많이 먹었다. 과장들이 심사하는 예비심사와 부장들이 심사하는 본심사라는 일정이 기다리고 있으니 애가 탈 수밖에 없었다. 제안을 부탁한 부서가 과 단위로 몇십 개인데 일일이 전화로 확인하고 사정을 해야 했다. 그 상대는 거의

가 부서의 주무대리들이었고 어떤 부서는 과장들에게 직접 전화를 해야 했다. 기한을 잘 안 지키고 2, 3일 늦게 해 주는 부서는 그래도 양반이다. 그동안 제안을 읽어 보지도 않은 채 내가 전화를 하면 잘하고 있다고 하다가 막상 기한이 되면, "이 제안들은 우리 부서 소관이 아니네요." 하면서 내어놓는 부서는 정말로 원망스러웠다. 그 제안은 다시 해당 부서에 찾아가서 처음부터 부탁해야 하기 때문이다.

그렇게 해서 해당 부서에서 기각한 건은 제안을 한 사람에게 되돌려 보내주고, 해당 부서에서 좋다고 한 제안에 대해서는 예비심사를 준비한다. 예비심사 대상은 약 3백 건이 되는데, 이것을 심사위원 숫자와 우리 부서 과장, 부장 것까지 15부 정도를 복사했다. 그러면 총 4천 5백 장 정도를 복사해야 하는데, 옛날 복사기로 그 숫자만큼 복사를 하자면 다리가 꽤 아팠다. 그놈의 복사기는 또 왜 그리 종이가 자주 걸리는지, 한번 종이가 걸리면 시간 손실이 막대했다. 예비심사와 본심사가 끝난 후 시상을 하고 고과에 반영시키면 캠페인 제안이 끝난다. 건수는 적더라도 상시 제안은 두 달에 한번씩 돌아왔는데, 이와 같은 과정을 매번 되풀이해야 했다.

중복되는 제안이 16만 5천 건?

그중에서 부서마다 공통으로 필요한 단 5천 가지의 우수 제안만 뽑아서 전사에 공지
하고 실천하도록 하면 더 이상의 아이디어가 나와야 할 필요가 있겠는가? 만일 그렇
다면 나머지 16만 5천 건은 다 중복되는 제안인 셈이다.

▌제안하려고 PC 앞에 앉으면 한 시간이 후딱 흘러

사람들은 흔히 자기가 사랑에 빠지면 '로맨스'이고, 남이 그러면 '스캔들'
이라고 한다. 나도 그중의 한 사람인지는 모르겠지만 지금 회사에서 하는
제안제도에 대해 불평을 하는 사람이 너무도 많아 보인다. 몇 년 전에는 한
해에 제안이 약 25만 건이 접수되었고, 17만여 건이 채택되었다고 한다. 매
년 1인당 27건 정도의 제안을 한다는 것이다. 나만 하더라도 작년에 30건 이
상, 올해에 역시 30건 이상을 한 것 같다.

그런 숫자가 나오기까지 사원들이 제안에 쏟아붓는 시간과 노력은 어마
어마하다. 매월 있는 제안 마감일 일주일 전부터 간부가 챙기기 시작한다.
부서장의 고과에 반영되기 때문이다. 나 같은 사람은 좋은 제안을 하려고
머리를 싸매고 고민을 하는 것이 무의미하다는 생각을 하고 있기 때문에 정

해진 시간 내에 쉽게 쉽게 내는 편이다. 그러나 그렇지 못한 사원들도 많다. 전 사원이 평균 27건을 냈으므로 많이 내는 사람은 50건도 내지만 10건밖에 못 내는 사원도 있는 것이다. 그래서 부서별로도 제안을 안 하는 사람은 혼을 내고, 제안을 잘하면 상금이나 상품을 주기도 했었다. 일반적으로 사원들이 제안을 하기 위해 PC 앞에 앉으면 그저 막연하게 있는 상태이므로 진도가 잘 안 나간다. 옆 사람이 무슨 제안을 하는지 보고, 이런저런 농담도 하다 보면 시간이 꽤 잘 간다. 제안 서너 개 하려고 하면 한두 시간이 쉽게 흘러가 버리는 것이다.

▌ 중복되는 제안이 16만 5천 건?

내 생각이 삼성생명 사원 전체를 대변하는 것이라고 할 수는 없지만, 한 해에 채택된 제안이 17만 건이 넘는다는 것은 말이 안 된다고 본다. 17만 건에 대한 관리가 될 리가 만무하다. 즉, 17만 건 중에서 한 번 채택된 제안이 다시 채택되지 않도록 하는 시스템은 불가능한 것이다. 17만 건 중 16만 건이 중복된 건인지 16만 5천 건이 중복된 제안인지 알 수가 없는 노릇이다. 제안 아이디어가 잘 떠오르지 않으면 자기가 옛날에 했던 제안을 또 제출하더라도 그것을 검증할 수 없다. 무슨 개선할 일들이 그리 많아서 한 해에 17만 건이 채택되는지 이해가 잘 가지 않는다.

그중에서 부서마다 공통으로 필요한 단 5천 가지의 우수 제안만 뽑아서 전사에 공지하고 실천하도록 하면 더 이상의 아이디어가 나와야 할 필요가 있겠는가? 아니, 그 5천 가지를 제외하고 아이디어를 내라고 하면 아이디어를 낼 수 있는 사원이 얼마나 될까? 만일 그렇다면 나머지 16만 5천 건은 다 중복되는 제안인 셈이다. 한 건당 3천 원씩의 시상금을 준다면 제안 시상금만 하더라도 5억 원은 넘는데, 알고 보면 다 낭비이다. 정말로 쓸 만하고 제대로 된 제안이 그중에서 얼마나 될까? 채택 자체를 자신의 부서에서 하다 보니 운영이 제대로 될 수 없다고 본다. 그런데 제안에 투입되는 시간은 얼마나 될까? 한 건 제안하는 데에 20분이 필요하다고 하더라도 총 9만 시간이 소요된다. 일 년에 사원 한 명당 들어가는 코스트를 임금은 물론이고 사무실, PC, 소모품, 공과금, 기타 여러 가지 잡비 등을 감안하여 계산한다면 엄청나게 많은 액수이다. 나 나름대로 대충 계산을 해 보면 사원들의 시간당 코스트는 1만 5천 원 정도가 된다. 그러니 제안에 소요된 경비는 총 13억 원 이상인 셈이다. 거기다가 상금은 물론이고 제도를 운영하는 데 대한 비용까지 합한다면 과연 이런 제도가 필요한지 다시금 고려해 보아야 한다고 본다. 그래도 '능률협회컨설팅 제안 대상 수상'이라는 타이틀 등이 더 중요하다고 말한다면 어쩔 수 없는 일이다.

'에어커튼 냉장고'는 내 아이디어였는데

드디어 대우에서도 '에어커튼 냉장고'같은 제품이 나왔는데, 1992년도에 내가 생각했던 것과 거의 100% 같은 아이디어의 냉장고였다. 내가 만일 대우에 이 아이디어를 제안했더라면 무려 3~4년은 더 빨리 이 제품을 생산했을 가능성도 있었겠다는 생각이 들었다.

▌ '에어커튼 냉장고'는 내 아이디어였는데

제안제도라고 하면 잊히지 않는 일이 하나 더 있다. 삼성 생명뿐 아니라 삼성 전체적으로 볼 때에도 제안은 아주 중요한 제도이며 잘 운영되고 있는 것으로 안다. 회장도 가끔씩, "그룹 내외의 제안제도를 활성화시킬 수 있는 방안을 수립해라. 부하직원의 제안을 얼마나 받아들이는가를 평가해야 한다. 아랫사람에게 신경을 안 쓰는 것은 권위주의의 표시다."라는 말을 할 정도이다. 1992년 무렵이었던 것으로 기억된다. 그룹 차원에서 분위기를 쇄신한다는 의도에서 비서실에 제안을 내도록 한 적이 있었다. 회사 단위가 아닌 그룹 차원에서 좋은 아이디어를 모으자는 취지였다.

그때 나는 우연히 냉장고에 대한 아이디어를 떠올렸다. 요즈음 나오는 냉장고처럼 문을 열었을 때에 찬 공기가 헛되이 밖으로 나가지 못하도록 하는 방법을 그 당시에 생각한 것이다.

한번은 볼링장에 갔는데 볼링장 전체가 시원했다. 이렇게 큰 볼링장을 냉방하려면 엄청난 전기가 들겠다고 생각했는데, 나중에 누가 볼링장 전체를 냉방하는 것이 아니고 사람들이 앉아 있고, 공을 굴리는 공간까지만 냉방을 한다고 말해 주었다. 그 범위를 넘어서 멀리 볼링 핀들이 서 있는 공간은 냉방이 안 되는데, 그 이유는 사람이 있는 냉방이 필요한 공간과 그렇지 않은 공간 사이에 공기를 내뿜어서 찬 공기가 더운 공간 쪽으로 빠져나가는 것을 차단시키기 때문이라고 설명해 주었다. 정말 그런지는 알 수 없었으나 말을 듣고 보니 크게 수긍이 갔다.

그 순간 나에게 기발한 아이디어가 떠올랐다. 냉장고 문을 열었을 경우에도 이와 마찬가지로 문 가까이에서 바람을 뿜어 준다면 냉장고의 냉기가 도망가지 않을 것이다.

그 당시에도 에어컨 한 대에 사용되는 전기료가 선풍기 몇십 대의 전기료와 맞먹는다는 사실을 알고 있었던 터라 이런 아이디어 상품이 개발되면 분명히 전기료를 많이 절약할 수 있을 것이고, 그러면 거의 비슷비슷한 냉장고를 두고 서로 경쟁을 하는 상황에서 당연히 히트를 치리라고 믿었다. 그때 생각에도 '에어커튼 냉장고' 정도의 이름을 붙이면 불타나게 팔릴 것 같았다. 나는 무릎을 쳤다.

▌혼자만 흥분한 채 끝나 버린 아이디어

나름대로 아이디어가 좋다고 확신을 했기 때문에 제안서를 손으로 적지 않고 PC를 써서 깨끗하게 작성했다. 사례로 볼링장 이야기도 쓰고, 공기가 뿜어져 나오는 냉장고의 측면도도 그리다 보니 2장짜리 제안서가 되었다. 일단 비서실로 팩스를 보내고, 담당자에게 전화를 해서 잘 받았는지 확인도 했다. 그런데 몇 주일이 지나도 별다른 소식이 없었다. 전화를 해서 제안을 검토했느냐고 물었더니 담당자가 그 아이디어는 비서실에서 검토할 사항이 아니고 삼성전자에서 검토해야 한다고 했다. 그래서 그 담당자에게 삼성전자로 보내서 검토할 수 있도록 해 달라고 부탁했다. 그렇게 하겠다고 말하는 담당자의 말을 믿고 또 기다렸지만 역시 감감 무소식이었다. 너무 시간이 많이 흘러서 다시 비서실에 전화를 걸었더니 자기가 연락을 주겠다고 했다. 며칠 후에 연락을 한 그 사람의 말은 삼성전자 측에서 검토를 했는데, 별로 관심이 없다는 것이었다. '좋은 아이디어이지만 아쉽다.'라고 위로의 말도 해 주었다. 솔직히 말해서 나의 실망은 컸다. 별 아이디어도 아닌데 나 혼자서만 괜히 흥분하고 있는지도 모른다는 생각도 해 보았지만, 주위 사람들에게 말해 보면 다들 좋은 아이디어라고 격려해 주는 것이었다. 나중에는 삼성전자의 적절한 부서에서, 어느 정도 책임이 있는 직급의 사람이 제대로 검토나 했는지 의심이 가기도 했다.

혼자만의 망상이었는지도 모르지만 그 당시에는 답답한 심정을 금할 길이 없었다. 예를 들어서 경쟁사인 대우나 엘지전자에서 먼저 그런 제품을 만든다면 큰일이라는 생각도 들었다. 심지어는 그냥 어디 가서 '특허' 등록을 할까까지도 마음을 먹었었다. 그런데 바쁜 직장인이 그런 갈등을 겪는 것도 잠깐이었다. 시간이 흐르자 모든 것을 잊게 되었다.

▌ 몇 년 후 출시된 제품은 나의 아이디어

그 후 몇 년이 흘렀다. 정확하게 몇 년인지는 모르겠지만 내가 제안을 한 후로 몇 년이 지났을 때에 삼성에서 '문단속 냉장고'라는 이름의 제품이 나왔다. 이 냉장고는 공기를 환류시켜서 찬바람이 나가지 못하게 한다는 것이었다. 어떻게 생각하면 내가 제안했던 것보다 약간 더 발전된 아이디어의 냉장고라고 생각되었다.

또다시 약간의 시간이 흘렀다. 드디어 대우에서도 '에어커튼 냉장고' 같은 제품이 나왔는데, 1992년도에 내가 생각했던 것과 거의 100% 같은 아이디어의 냉장고였다. 내가 만일 대우에 이 아이디어를 제안했더라면 무려 3~4년은 더 빨리 이 제품을 생산했을 가능성도 있었겠다는 생각이 들었다. 솔직히 말해서 지금도 이 아이디어에 대해 미련이 남아 있었는지도 모른다. 1992년에 삼성전자에서 내 아이디어를 채택해 주었더라면 어떻게 되었을까? 아니면 내가 특허청 같은 데에 가서 특허를 신청했더라면 어떻게 되었을까 하는 생각이 드는 것이다. 전자회사들의 아이디어 관리가 어떻고, 또 특허신청은 어떤 것인지에 대해서 전혀 모르니 뭐라고 말할 수는 없지만, 그래도 왠지 좋은 아이디어가 무시되었다는 생각만은 지울 수가 없었다.

제도를 위한 제도를

이 글을 읽는 독자들에게 '그동안 회사에 대해 잘못한 것 5개나 혹은 그동안 부인에게 비밀로 하거나 잘못한 것 5개'를 적어 내게 하고 거기에 대해 면책을 해 주겠다고 한다면 여러분은 어떤 마음이 들며 어떤 내용을 적게 될까 생각해 보라.

▌ 회의 내용을 녹음해서 누가 들을 것인가

회사에서는 새로운 제도를 도입하는 것이 미덕이 되어 있다. 있는 제도를 더 충실히 운영하기보다는 무엇인가 위에 보고할 거창한 것을 끊임없이 찾고 있는 것 같다.

옛날에 회장이 기록 문화가 중요하다고 강조하면서 회의 내용을 반드시 손으로 쓸 필요는 없고 녹음을 해도 된다고 한 적이 있었다. 그만큼 발상의 전환을 꾀하고, 그렇게라도 해서 기록 문화를 정착시키자는 취지였다.

그런데 문제가 생겼다. 다른 회사에서는 어떻게 했는지 모르겠지만 삼성생명에서는 정말로 회의 내용을 녹음하는 것을 실행에 옮겼던 것이다.

내가 생각해도 분명 무리가 따르는 일이었다. 회의 도중에 중요한 것만 메모하면 되는데, 그 내용을 한 시간씩 두 시간씩 녹음을 한들 그것을 누가 다음에 다시 들을 것인가 싶었다. 지나간 회의에 무슨 내용이 있었다는 기억을 가지고 그 내용을 확인하려면 기억이 가물가물하다. 테이프의 어느 부분에 어떤 내용이 들었는지 모르는 상황에서 처음부터 테이프를 다 들어 봐야 할 것이 뻔한데, 그것이 잘 되겠는가. 누구든 조금만 생각해 보면 알 것이다.

어쨌든 회사에서는 모든 회의를 녹음하라고 했고, 부서마다 큰 더블카세트를 사 주었다. 임원들에게는 휴대용 녹음기가 지급되었으며, 부서별로 녹음한 테이프를 날짜별로 관리할 수 있도록 테이프 보관함도 큼지막하게 주문하여 맞춘 것을 지급하였다.

물론 한동안은 회의를 충실히 녹음해 나갔고, 테이프 보관함에는 테이프가 차곡차곡 쌓여 갔다. 부서별로 차이는 있겠지만 한 달 이상을 지속하지 못했을 것이라고 본다. 녹음을 한들 그 후에 다시 들을 일이 없지 않은가. 그러니 당초의 예상대로 오래 지속될 성질의 것이 아니었다. 부서별로 나누어 준 더블카세트는 잃어버린 곳도 있고, 아직 남아 있는 부서는 혹시 체육대회 준비 때 응원 연습할 때에나 쓰고 있다. 카세트 보관함은 무게가 아주 많이 나갔는데, 아직 그것이 있는 부서는 부서를 이동할 때마다 들고 다니고 있으며, TV 받침대로 사용하고 있는 곳도 많다. 회장의 지시라도 그 숨은 뜻을 읽고 소화를 해야 하고 시행을 했을 경우에 정말로 오랫동안 지속될까를 잘 생각해야지, 회장이 지시했는데 삼성생명만 안 따르고 있다가 나중에 점검이라도 하면 어떻게 되나 하고 앞뒤 가릴 것 없이 시행을 해서는 곤란하다고 본다.

▌다리가 아프면 회의를 짧게 한다?

이와 비슷한 일들은 많다. 예를 들어 한때 '스탠드 미팅'을 할 것을 지시한 적이 있다. 부서마다 회의에 너무 많은 시간을 빼앗기니 불필요한 회의를 없애고 회의 시간 자체도 줄이자는 생각이었다. 서서 회의를 하면 다리가 아파서 20분 이상 회의를 할 수가 없으니 회의 시간이 자연히 짧아질 것이라는 판단에서였다.

그래서 회사에서는 부서별로 '스탠드미팅 테이블'을 주문 제작하여 나누어주었다. 서서 회의를 하기에 알맞은 높이의 원탁 테이블이었다. 과연 이 스탠드미팅이란 제도가 얼마나 지속될 것인가를 생각해 보았다면 그런 일은 시행하지 않았을 것이다. 회의가 있으면 하고 없으면 안 하면 그만이다. 할 이야기가 많으면 회의를 길게 하고, 할 이야기가 적으면 자연히 회의는 짧아지게 마련이다. 일에 대한 평가 시스템이 잘되어 있다면 그 부서에서 하루 종일 회의를 하든 한 달 내내 회의를 하지 않든 전혀 상관할 바가 못 되는 것이다. 회의 시간을 줄이기 위한 고육지책이었다는 것은 알지만 그런 노력을 더 원천적인 대책, 즉 일을 평가하는 시스템을 갖추는 데에 쓰는 편이 장기적으로 볼 때 바람직하다는 뜻이다.

▌일주일에 한 시간씩 실시하는 정신 교육

1997년에는 '신경영 타임'이라는 것이 생겨 매주 토요일 아침에 1시간씩 운영되었다. 이는 회장의 어록이나 신경영에 대한 책자를 윤독하면서 실제로 부서에서 얼마나 잘 지켜지고 있는지 반성해 보는 시간이다. 정말로 1시간 동안 회장의 신경영 정신을 음미하면서 자신의 모습을 반성하는 부서와 사원이 얼마나 있다고 생각하는지 모르겠다. 다른 부서에서는 어떻게 운영했는지는 알 수 없지만 내가 직접 겪어 본 부서들을 본다면 이 역시 1인당 한 시간에 1만 5천 원씩의 코스트를 까 먹는 것이라고 보면 된다.

어차피 능력과 기본이 되어 있는 사람만 살아남는 새로운 시대가 오고 있는데 사원들에게 '정신 교육'을 시킬 이유가 없다. 또 그런 교육을 제대로 받아들일 사원이 얼마나 되겠는지 냉정하게 생각해 보아야 하는 것이다.

▋ 부부간에 '나 과거 있어요'라고 말하는 격

지난해 10월 한 신문에서 모 회사의 '새출발 프로그램'이라는 것이 화제가 되고 있다는 기사를 읽었다. 그중에는 '자진 신고제'라는 제도가 있었다. 그동안의 영업 과정에서 발생한 잘못에 대해 직원들로부터 열흘간 자진 신고를 받고, 그 잘못에 대해서는 '대사면'을 해 주는 행사라는 것이다. 정말로 참신하고 사원들에게 다시 시작하는 힘을 주는 제도라는 생각이 들 것이다.

그런데 몇 년 전에 이 제도를 시행해 본 삼성생명의 한 사원이었던 나로서는 그런 제도 또한 아이디어성 행사에 그친다고 생각한다. 이 글을 읽는 독자들에게 '그동안 회사에 대해 잘못한 것 5개'나 혹은 '그동안 부인에게 비밀로 하거나 잘못한 것 5개'를 적어 내게 하고 거기에 대해 면책을 해 주겠다고 한다면 여러분은 어떤 마음이 들며 어떤 내용을 적게 될까 생각해 보라. 솔직하게 회사에 혹은 부인에게 잘못을 털어놓는 것이 좋겠다고 생각하고 그렇게 하는 사람은 '너무도 정직한 혹은 너무도 순진한 사람들'로서 얼마 되지 않을 것이다. 그 나머지 사람들은 전혀 잘못이 없다고 해도 뭐라고 할 것 같은데, 그러면 많은 잘못 중에서 '어떤 잘못을 고백해야 큰 문제가 생기지 않고 넘어갈 수 있을까?' 하는 고민을 하게 된다. 아무리 회사에서 절대로 문제 삼지 않겠다고 약속하고, 실제로 그렇게 하더라도 자신만이 아는 잘못을 솔직하게 털어놓는 사람은 거의 없게 마련이다.

그래서 이런 제도는 많은 사람들을 자신에 대해서, 회사에 대해서 또 한번 거짓말을 하도록 만드는 역할을 하는 것이다. 사원들을 이중적으로 괴롭히는 셈이다.

몇 년 전에 삼성생명에서 부서별로 사원별로 그동안 잘못했던 부정이나 비리에 대해서 적어 내라고 했을 때에도 그렇게 좋은 제도는 아니라는 것을 느꼈다. 신입사원이었던 나의 눈에도 오히려 부정적인 모습들이 많이 보였던 것이다. 그때에도 사원들은 사원들대로 어떤 잘못을 적어 내야 아무 탈 없이 넘어갈 것인가 고민했었고, 간부들은 간부들대로 혹시 사원들이 엉뚱한 내용을 적어 내지는 않을까 노심초사하며 사전에 검사하는 모습을 보았던 터였다. 이런 제도가 왜 반복되는지 모르겠다.

▌'명품'은 억지로 나오지 않아

언제부터 생겼는지 몰라도 '명품 제도'라는 것도 있다. 그 의미는 나도 잘은 모르겠는데, 아마도 회사별로, 부서별로 가장 경쟁력 있는 것을 하나씩 만들어 가자는 취지인 듯하다. 삼성전자의 '명품 TV'처럼 말이다. 부서별로 한 개씩 아이디어와 실천 계획을 내어서 좋은 제도가 실천이 잘되면 회사에서 큰 시상을 한다.

작년에도 그 제도가 있었는데, 올해에도 부서별로 언제까지 계획을 제출하라는 지시가 내려왔다. 내가 하니, 후배가 하니 하다가 결국 한 후배가 담당하게 되었는데, 나로서는 이 제도를 왜 시행하는지 의미를 못 느꼈다. 부서마다 명품이라는 이름으로 계획을 세우는 일이 알고 보면 다 그 부서 본연의 업무이다. 새삼스럽게 그중의 하나를 정해서 명품이라고 정하고 회사에서 시상까지 할 필요가 없는 것이다. 그 후배는 아이디어를 찾느라고 고생을 많이 했는데, 상사와 협의한 끝에 결국은 '명품 같은 제도는 세상이 한가할 때나 하는 것이지, 올해처럼 IMF 하의 어지러운 세상에서 신경 쓸 일이 아니다.'라는 결론을 내고 대충 넘어가는 수준으로 하기로 했었다. 내가 생각해도 태평성대 때나 할 일을 지금과 같이 촌각이 아까운 시대에 한다는 것은 소모적이라고 본다.

그런데 부서를 옮기고 보니 그 부서에서는 문제가 더 심각했다. 아이디어를 내기는 내야 하는데 아무리 생각해도 좋은 아이디어가 나오지 않는 것이다. 주무대리가 아침 회의에서 명품에 대해서 다들 아이디어를 내달라고 사정했다가, 안 되니까 다들 모인 자리에서 결정을 내리자고 해서 전원이 모여서 머리를 짜 보기도 했지만 단 하나의 아이디어도 나오지 않았다. 내가 보아도 약 2주일 동안 고민을 했었는데 결국 아이디어가 나왔다는 소리를 듣지 못했다.

이렇게 많은 사람들을 고민하게 만들고 별로 이득도 안 되는 것이 본래의 취지는 아닌 듯싶은데, 계속 이런 제도들이 만들어지는 것이 이해가 가지 않는다.

동원 봉사냐, 헌혈이냐

몇 년 전 한 시대의 가장 큰 비극 중의 하나인 '삼풍백화점 붕괴 사건'이 일어났다. 그 날 회사에서는 비상 연락망을 통해 부서장이 전 사원들에게 전화를 걸어 이렇게 지시했다. "당장 삼성의료원으로 달려가서 구호활동을 하든지 아니면 다음 날 아침에 헌혈을 하든지 둘 중 하나를 선택하라."

▌ '사회봉사'는 꼭 필요한 일

최근에 삼성에서 사회봉사 활동을 많이 하고 있음은 웬만한 국민들도 잘 알고 있을 것이다. 삼성생명에서도 '사회봉사단'이 발족되어 부서별로 적어도 한 개 이상의 사회봉사 활동을 하고 있다. 고아원을 방문하거나, 한강변을 청소하거나, 형편이 어려운 아이들에게 영어를 가르치는 등 그 활동은 방대하고 노력 또한 대단하다.

한편 회사에서도 봉사활동을 장려하기 위해서 '전문 코디네이터'를 두어 봉사활동을 지도하도록 하고, 부서장의 평가에 반영한다는 말도 들었다.

아직 사회보장 제도가 완비되지 못한 우리나라의 현실을 본다면 이런 봉사활동은 아무리 많이 해도 지나침이 없는 값진 것이라고 생각한다. 오히려 IMF가 닥친 후 부서마다 위기의 식이 팽배한 관계로 그동안 잘 해 오던

봉사활동을 최근 들어 잘 못하는 모습을 보면 안타깝다. 이렇게 숭고한 봉사활동은 비록 그것이 회사의 강제에 의해 행해져 사원들이 귀찮아하는 한이 있더라도 의미가 있는 일이라고 믿는다. 단 한 사람이라도 더 이 행렬에 동참해야 하고, 그러다 보면 자연히 이런 활동이 사회적으로 활성화되는 데 도움을 줄 것이다. 여기에 대해서는 아무도 감히 무어라고 말할 수 없다고 본다.

다음은 내가 회사에서 듣고 본 몇 가지 이야기를 소개한 것이다. 재미삼아 그냥 읽어 주었으면 한다.

▌동원 봉사냐, 헌혈이냐

몇 년 전 한 시대의 가장 큰 비극 중의 하나인 '삼풍백화점 붕괴 사건'이 일어났다. 그날 회사에서는 비상 연락망을 통해 부서장이 전 사원들에게 전화를 걸어 이렇게 지시했다. "당장 삼성의료원으로 달려가서 구호활동을 하든지 아니면 다음 날 아침에 헌혈을 하든지 둘 중 하나를 선택하라."

이에 대해서 나쁘다고만 비판할 수는 없다고 생각한다. 그리고 삼풍백화점 사고 현장에 많은 구호장비를 제공했는데 그중 히트를 친 것이 '삼성 로고가 찍힌 헬멧이었다고 한다. TV에서 현장 작업자와 인터뷰를 하면 삼성 로고가 찍힌 헬멧을 쓴 사람들이 나와서 이야기를 하니 그룹 차원에서 기업 홍보를 톡톡히 해내는 것이었다. 비서실에서도 좋은 아이디어라고 자찬을 했다고 한다.

어쨌든 삼성이 삼풍백화점 붕괴 현장에 지원한 장비는 물론이고 거기에

뿌린 땀과 노력은 정말로 값지고, 많은 사람들에게 도움을 주었다고 믿는다.

▌삼성생명이 생보사 공익사업 실적의 90%를 차지

사원들의 참여로 이루어지는 봉사활동 이외에도 삼성생명에서는 오래전부터 여러 가지 공익사업을 펼쳐 왔다. '탁아소 사업' '결식노인에게 식사 제공하기' '얼굴 기형아 수술비 지원' '삼성의료원 건립' '사회단체에 대한 기부' '문화행사 지원' 등 여러 가지 사업을 해 왔는데, 나는 이런 말만 들어도 감회가 새롭다.

왜냐하면 이런 공익사업에 대한 실적을 회사 차원에서 취합하고 대외적으로 보고하는 일을 담당했었기 때문이다.

당시에는 생명보험협회 차원에서 공익사업을 주요 사업으로 여겼었다. 고객들이 모르고 찾아가지 않는 '휴면 보험금'으로 불우아동 장학금 지급 사업도 했으며, 특히 삼성생명과 교보 생명처럼 '자산 재평가'를 한 회사는 재평가 차익금의 일부를 반드시 공익사업으로 사용하게 되어 있었다. 그 외에도 삼성생명은 그룹 차원에서도 여러 가지 공익사업을 했고, 또 거기에 대해 홍보를 하는 데에도 신경을 많이 썼다.

나는 삼성생명의 공익사업에 대해서 1년간의 계획을 감독원이나 협회에 제출하고, 매 분기별로 그 실적을 보고하는 일을 담당했었다. 당시 1년간의 공익사업 실적을 취합해 보면 삼성생명 한 개 회사의 실적이 30여 개나 되는 생명보험회사 전체 실적의 90% 이상을 차지하는 경우도 있었다. 그럴 때는 참 흐뭇해하곤 했었다.

제 5 부

버블 경영

정신적 버블 / 버블 교육 / 버블 연수 / 버블은 언제든지 다시 살아난다

정신적 버블

그전에는 세면대 위에 비누 하나만 놓여 있었는데, 이날따라 뜻밖에도 스킨로션과 밀크로션은 물론이고 머리빗과 치약 등 호텔 사우나에서나 보는 그런 물품들이 비치되어 있었다. 초일류 기업에서 화장실도 초일류로 만들자는 생각인가 보구나 싶었다.

▌정신적 버블과 버블 경영

다들 알고 있듯이 '버블(bubble)'은 '거품'이라는 뜻이다. 실제는 얼마 되지 않는데 안에 공기가 잔뜩 들어가 부풀어 올라 실상보다 몇 배, 몇십 배 커지다가 한순간에 '펑' 하고 터져 버리는 것이 바로 버블이다.

일본이 10여 년 전에 거품경제가 가라앉은 후 아직도 그 후유증에 시달리고 있으며, 한국 경제 또한 앞뒤 가리지 않고 몸집 부풀리기가 만사인 줄 알고 무분별하게 외자를 도입, 과잉 투자를 하다가 지금의 상태에 이르게 된 것이다. 그리고 대다수의 국민들은 현재의 위기를 자초한 외자 도입 및 과잉투자의 책임이 대기업들의 '버블 경영' 때문이라고 보고 있다.

그러나 솔직히 생각해 보면 버블 경영은 비단 대기업뿐만 아니라 정부, 지자체, 중소기업은 물론이고 국민 개개인의 가계에서도 알게 모르게 만연되

삼성인 샐러리맨
삼성문화 대기업문화

어 있었다고 보는 것이 더 정확할 듯하다. 그런 만큼 삼성생명에서도 버블 경영이라고 말할 수밖에 없는 일들을 많이 보았다. 그런 버블 경영은 숫자를 써서 계측하기란 힘들지만, '정신적 버블'에 대해서 알아보면 얼마나 버블 경영을 했는지 미루어 짐작할 수 있다고 본다.

▎ 호텔 같은 화장실

불과 몇 년 전의 일이라고 생각된다. 하루는 화장실에 가 보고는 깜짝 놀랐다. 그전에는 세면대 위에 비누 하나만 놓여 있었는데, 이날따라 뜻밖에도 스킨로션과 밀크로션은 물론이고 머리빗과 치약 등 호텔 사우나에서나 보는 그런 물품들이 비치되어 있었다. 초일류 기업에서 화장실도 초일류로 만들자는 생각인가 보구나 싶었다.

회사에서 그런 배려까지 해 주는데 마다할 사원이 어디 있으랴? 다들 좋아하면서 한번씩 세수를 하고 스킨로션을 바르고 머리도 손질했다. 이런 시절이 영원하기를 바랐지만 경제 사정이 계속 악화되고 경비 절감 같은 말이 나오게 되니 자연히 세면대 위는 다시 깨끗하게 정리되어 예전처럼 비누 하나만 달랑 남게 되었다. 화장실을 쾌적하게 꾸미는 것이 돈이 얼마나 드는데 그러느냐고 반문할지 모르지만, 화장실을 그렇게 꾸밀 정도이면 다른 모든 면에서도 이미 버블 경영이 물들어 있으며, 알게 모르게 정신적으로 버블에 빠져 있음을 말해 주는 것이 아닌가 싶다.

▌최첨단 분수대

그 당시에 엘리베이터를 교체한 것에 대해서도 사원들 간에 말이 많았다. 예전 엘리베이터가 그다지 형편없는 것도 아닌 데 수천만 원을 들여서 새로 교체하는 것은 낭비라는 의견이 지배적이었다. 특히 지역본부에서 올라온 사원들은, "누구는 어렵사리 영업을 하고 있는데 이렇게 '삐까번쩍'하게 해 놓다니." 하면서 불평을 털어놓았다.

지하로 내려가면 삼성플라자도 버블 시기의 관점에서 지어진 백화점이라는 면을 요소요소에서 찾아볼 수 있다. 그리고 회사 앞에 있는 분수대 역시 마찬가지이다. 외국에서도 거의 보지 못할 정도의 최첨단 분수대가 설치되어 있다. 기존의 분수대와는 차원이 다른 것이다. 몇십 개의 물 분출구에서 최고 몇십 미터나 올라갈 정도로 물을 뿜으며, 그 많은 물기둥이 다양한 높이와 모양으로 연출되는 것을 보면 가히 장관이라고 할 수 있다. 누구라도 한번쯤은 분수만 보러 태평로까지 나가도 시간 낭비가 아니라고 생각될 정도이다.

버블 교육

거기에 초빙되는 교수들은 10시간 정도 강의를 하고 3백만 원가량의 강의료를 받아 갔다. 강의 과목별로 몇만 원씩 하는 원서를 나주어 주었다. 아마 책값만 해도 1인당 50만 원씩은 되었을 것이다. 2주일 단위로 교육 진행을 위해 차출되어 나오는 사원에게는 '특근 수당'까지 주었다.

❚ 버블 교육

재작년 말까지 금융 전문가를 양성한다는 취지의 한 교육제도가 운영되었었다. 경영대학원 과정에서나 들을 수 있는 과목과 실무 과정이 합해져 있는 이 교육은 두 달 동안 연구소 에 들어가서 죽으라고 공부만 하면 되는 코스였다. 한 번에 20여 명씩, 1년에 두 번 운영되는 이 과정을 마치고 나면 그중에서 절반에 해당하는 사원들은 추가로 두 달간 미국의 '뉴욕대학'에 하계스쿨 코스를 보내 주었다. 비용으로 본다면 1인당 1천만 원은 족히 들어가는 그런 교육과정이었다. 그만큼 강의 내용이 좋았던 것은 인정한다. 그러나 이 역시 그런 교육을 받은 사람을 얼마나 잘 활용했느냐의 문제를 따져 본다면 낭비 요소가 너무 많았다고 생각한다. 이 제도는 돈이 많이 든 만큼 얻은 것도 있었겠지만, 투자한 돈에 비한다면 외부에 자랑거리나 되는 효과 이외에는 특별히 회사에 이익을 준 것이 없다고 본다.

거기에 초빙되는 교수들은 10시간 정도 강의를 하고 3백만 원가량의 강의료를 받아 갔다. 강의 과목별로 몇만 원씩 하는 원서를 나주어 주었다. 아마 책값만 해도 1인당 50만 원씩은 되었을 것이다. 그 원서들을 과연 교육생들이 얼마나 읽어 보았는지 의심스럽다. 이 주일 단위로 교육 진행을 위해 차출되어 나오는 사원에게는 '특근 수당'까지 주었다.

그런 비용적인 면뿐만 아니다. 매주 한 번씩 임원들이 와서 유익한 이야기를 해 주고 가도록 일정표가 짜여져 있었는데, 삼성생명의 임원이 과연 그렇게 한가했던가 하는 생각이 들었다. 임원들은 용인의 연수원까지 왕복하는 데 걸리는 시간 외에 두 시간 정도의 강의 시간까지 할애해야 했지만 특별히 하는 이야기는 없다. 단지 상부에서 임원들도 많은 관심을 보이라는 지시를 했기 때문에 그런 일정이 들어가지 않았나 싶었다.

▎반드시 시행해야 하는 상사의 지시

한번은 그 교육의 총 책임자가 방문해서 이런저런 이야기를 하면서 교육을 독려한 적이 있었는데, 다음 두 가지 사항에 대해 언급을 했다. "첫째는 장기간 교육을 받느라고 건강을 해치면 안 되니 줄넘기라도 해야 된다. 요즘 줄넘기는 뛴 횟수가 나오는 것이 있는데 매일 천 번 정도 줄넘기를 하면 건강에 좋을 것이다. 그리고 교육이 끝나는 시점에서 이전에 그 교육을 수료한 사원들을 불러서 교과 내용이나 회사 업무에 대해 진지하게 토론할 시간을 마련하는 것이 좋겠다." 이런 말을 담당부장은 옆에 앉아서 열심히 받아 적었다.

그런데 사실은 4시에 교육이 끝나면 전 교육생이 농구를 해서 더 이상 운동을 할 필요가 없었고, 직전 교육생들과 크게 토의할 내용도 없는 듯싶었다. 하지만 며칠 후에 본사로부터 줄넘기 20개가 보내져 왔다. 줄넘기는 숫자가 카운트되는 좋은 것이었다. 그리고 교육 마지막 주에는 정말로 본사에서 20명 정도의 사원들이 방문했다. 그때에는 IMF가 터진 지 얼마 되지 않아서 한창 위기의식이 팽배했었는데 핵심 부서의 20명이나 되는 과장과 사원들이 지시 그대로 방문했었던 것이다. 와서 나눈 이야기는 '그동안 잘 있었느냐?' 하고 안부를 묻는 수준이었다. 거기에 동원된 사람들도 돌아가면서 괜히 사람만 피곤하게 한다고 불만을 토로했다.

버블 연수

지역 전문가 제도 이외에도 사원들이 해외연수를 다녀올 기회는 매우 많았다. 몇 년 전에는 한 해에 총 900명에 이르는 사원들이 해외에 가서 연수를 받았다. 사원 숫자가 9천 명이 넘지 않는 회사에서 총 900명 정도가 한 해 동안 해외연수를 받았다고 하면 얼마만큼 버블 경영을 했는지 짐작이 갈 것이다.

▌ 지역 전문가 제도

삼성에서 의욕적으로 시작한 획기적인 조치 중의 하나로 '지역 전문가 제도'를 꼽을 수 있다. 향후 전개될 글로벌 경쟁 체제에 대비해서 경쟁력을 갖춘 인력을 사전에 양성하기 위해 젊은 사원들을 해외에 파견, 현지 언어와 문화 등을 익히게 한다는 것이다. 다른 기업에서는 물론이고 삼성 내부에서도 아무도 생각지 못했거나, 생각은 했어도 엄두를 못 낼 일을 회장이 지시하여 시작하게 되었고, 그 제도는 미래에 대해 10년은 일찍 준비할 수 있게 하는 좋은 제도였다. 그런데도 불구하고 내가 지역 전문가 제도를 '버블 경영'이라고 하는 것은 세계를 상대로 장사를 하거나 물건을 만들어 내는 삼성물산이나 삼성전자 해외사업 부문 등과 같은 회사뿐만 아니라 내수산업인 삼성생명과 같은 회사에도 일률적으로 적용하였기 때문이다. 아무리 생각해 보아도 삼성생명에서 사원들을 한 해에 30명씩, 50명씩 해외에 보낼 이유가 없는 것이다. 지역 전문가로 선발이 되면 미국, 영국, 일본, 싱가포르, 베트남 등과 같은 세계 각국으로 평균 1년 정도 파견되는데, 거기서 현지어와 현지 문화만 배워 오면 된다. 외국에 머무는 동안 주거비, 학원비는 물론이고 교제비, 통신비, 수당 등도 지급 되므로 지역 전문가 1명당 연수비는 평균 5천만 원 이상이 들어간다.

그러니 사원들 입장에서 본다면 마다할 이유가 없고 어떻게 해서든지 지역 전문가로 외국에 나갈 기회를 잡고자 했다. 몇 년 전에는 한 해에 50명에 가까운 사원들이 파견되었는데, 매년 이런 식으로 누적되다 보니 부서마다 지역 전문가 출신이 몇 명씩은 있게 되었다.

▌ 외국어에 대한 버블까지도 초래

지역 전문가로 파견되기 위해서는 부서장이 적극 보내 주려는 마음이 있어야 하고 인사고과도 좋아야 했지만, 그래도 가장 중요한 것은 본인이 외국어를 얼마나 잘하느냐에 달려 있다. 그러다 보니 자연히 사원들의 외국어 학습 열기가 높아졌다. 업무를 잘하는 것보다 외국어를 잘하는 것이 더 중요하다는 푸념도 나왔지만 대세는 외국어 점수를 따는 데로 기울었다.

사원들의 외국어 학습 의욕이 높고 회사에서도 적극 지원을 하고 나섰으니 그룹 '외국어 검정 시험'에서 자격증을 따는 사원들의 숫자가 늘어났다. 일견 보기에는 모든 것이 잘 돌아가고 있는 듯하지만, 이런 것이 다 버블 경영이고 사원들의 마음에 버블을 심어 주는 것이다. 회사에서는 외국어를 열심히 하라고 일 년에 세 번 토익 시험을 치르기만 하면 능력 고과에 반영시켜 주는 조치까지 내어 놓았다. 한번 시험을 치를 때마다 들어가는 경비까지 걱정하지 않아도 될 만큼 회사 사정이 좋았던 때문이었다. 영업소장을 하는 사람들도 외국어 학원에 다니면서 언젠가는 지역 전문가 연수를 가겠다고 마음먹었고, 외국어가 전혀 필요 없는 본사 부서 사원들도 일이 힘들거나 하면 지역 전문가로 나갈 수 있다면 얼마나 좋을까 하고 생각하게 되었다.

▌ 외국어는 생존에 도움이 안 돼

어떻게 보면 사원들에게 큰 희망과 도움을 주는 이 제도에 대해서 버블이라고 말하기가 미안하기도 하지만, 그렇게 많은 돈을 들이고서도 그에 비해 활용도가 별로 높지 않은 것을 보면 그냥 지나칠 수만은 없는 것이다. 만일 지역 전문가를 보내고도 그것을 잘 활용하지 못한다면 말 그대로 버블인 것이며, 그만큼 막대한 사업비를 낭비한 셈이 된다. 그전부터 지역 전문가 제도가 삼성생명에서는 사실상 필요가 없다고 말하는 사람들이 많이 있었다. 외국어 잘하는 사람을 몇 명 뽑아서 쓰면 되지, 전 사원을 대상으로 외국어 잘하라고 강조하고 인센티브까지 줄 이유가 있겠느냐는 것이다. 그런데 이제 버블이 터지고 나니까 모든 것이 확연하게 나타나게 되었다. 그동안 지역 전문가를 보낼 필요도 없었고 사원들이 외국어를 배울 필요도 없었다는 것이 분명하게 드러났다. 지역 전문가 출신들이 영업소장을 하게 되고, 회사에서 생존하는 데에 외국어라는 도구는 전혀 도움이 못 된다는 것이 판명

되었기 때문이다. 지역 전문가 제도 이외에도 사원들이 해외연수를 다녀올 기회는 매우 많았다. 몇 년 전에는 한 해에 총 9백 명에 이르는 사원들이 해외에 가서 연수를 받았다. 사원 숫자가 9천 명이 넘지 않는 회사에서 총 9백 명 정도가 한 해 동안 해외연수를 받았다고 하면 얼마만큼 버블 경영을 했는지 짐작이 갈 것이다. 최근 삼성 이외의 기업에서도 외국어에 대한 중요성이 높아 가는데, 업무의 본질이 얼마나 외국어와 관련이 있는지 잘 생각해 보아야 할 것이다.

▍성공 사례, 실패 사례

  지역 전문가 제도와 관련해서 재미있는 사례가 많지만 기억에 남는 몇 개만 소개해 보고자 한다. 지역 전문가로서 가장 성공적인 케이스로 드는 것은 현지 여자와 결혼해서 그룹으로부터 '몸으로 현지화를 실천했다.'라고 칭찬을 받는 것이다. 동남아시아에 파견된 한 관계사 사원은 현지 여인과 결혼을 했고, 그 능력을 인정받아 현지 주재원으로 정식 임명되었다고 한다. 삼성생명의 한 사원도 일본에서 결혼할 여자를 만나 귀국 후 한국에서 결혼을 했다. 사내 방송에도 방영이 되었을 만큼 히트를 쳤었는데, 녹화 배경이었던 집들이에는 나도 참석했었다.

  그런 반면에 실패 사례도 들은 적이 있다. 결혼한 사원이 현지에서 여자를 사귀다가 이별을 하고 돌아왔다고 한다. 그런데 그 여자가 한국으로 찾아온 것이다. 자기는 유부남이라고 털어놓았지만 그 여자는 그래도 좋으니 함께 살자고 했다고 한다. 그래서 결국 원래 부인과는 이혼을 하고 여자의 나라에 가서 생활하고 있다고 한다.

또 다른 실패 사례는 혼자 외국에 파견되는 규칙을 깨뜨리고 부인까지 현지에 데리고 나가서 생활하다가 회사 측에 발각되어 쫓겨난 경우이다. 현지에서 현지인들과 부대끼며 살아야 할 사람이 부인과 함께 집안에서 온종일 시간을 보낸다는 것이 회사 측에서 부부 동반 출국을 금지한 이유이다.

버블은 언제든지 다시 살아난다

지금은 대부분의 버블이 IMF 한파로 인해서 없어졌지만, 그 없어진 과정이 내부로부터의 성찰에 의한 것이 아니고, 외부로부터 온 환경 변화로 바뀐 것이기 때문에 진정한 의미에서의 버블이 없어진 것은 아니라고 본다.

▌임원에게 펜티엄 PC가 필요한지

그룹에 삼성전자가 있어서인지 몰라도 PC 성능은 아주 좋은 것이 지급되고, 필요한 대로 용량도 높여 준다. 재작년에는 약 두 달간 교육을 갔다 왔더니 부서원들이 펜티엄 PC를 쓰고 있었다. 나에게 나온 펜티엄 PC는 어디에 있느냐고 물었더니 임원에게 먼저 주었다고 했다. 그리고 나는 곧 조치해 줄 것이니 기다리라고 했다. 물론 내가 있는 동안 결국 받지 못했지만 임원에게 꼭 펜티엄 PC가 필요한지 의문스러웠다.

한때는 삼성의 임원들은 집에서도 업무를 하거나 인터넷 정도는 볼 수 있어야 한다고 임원들 집에 PC도 설치해 주고 팩스까지 나누어 주었다는 말을 들었다. 과연 집에서 PC나 팩스를 얼마나 썼는지 궁금하다. 임원급들이 PC를 잘 다룰 줄 모른다는 것과 관련된 예를 하나 들어보겠다.

임원들이 컴퓨터 교육실에 모여서 인터넷 강의를 받고 있었다. 강사가 수업을 재미있게 진행하기 위해서 당시에 인기가 폭발적이었던 모델 '이승희'의 사진을 찾아보자고 했다. 그리고 깜빡이는 커서 위에 이승희 세 글자를 쳐 넣으라고 했다. 그때였다. 한 임원이 손을 번쩍 들고 급히 강사를 부르는 것이었다. 무슨 일이 있는가 싶어서 달려간 강사에게 그 임원 이 한 질문은, "강사님, 이승희 할 때 'ㅇ' 자가 어디 있는지 가르쳐 주세요."라는 것이었다고 한다.

▎버블은 언제든지 다시 살아난다

내가 이제까지 언급한 정신적·물질적 버블은 많은 버블 중에서 내가 보았고 지금 생각나는 것 몇 개에 불과하다. 이 밖에도 삼성생명에 있었고, 아직도 남아 있는 버블은 많을 것으로 짐작된다. 지금은 대부분의 버블이 IMF 한파로 인해서 없어졌지만, 그 없어진 과정이 내부로부터의 성찰에 의한 것이 아니고, 외부로부터 온 환경변화로 바뀐 것이기 때문에 진정한 의미에서의 버블이 없어진 것은 아니라고 본다. 즉, 버블이 눈에 안 보일 뿐이지 아직도 정신 속에는 '움츠린' 채 살아 있다는 것이다. 언제든지 경기가 좋아지면 옛날의 습성이 다시 살아날 수가 있다는 생각이 든다. 그래서 다 지난 일이지만 절대 잊어서는 안 된다는 의미에서 몇 자 적어 보았다.

인사는 만사

관심이 필요한 사람들, 여성 / 관심이 필요한 사람들, 전문가 / 인사 부서에서
해야 할 일들

관심이 필요한 사람들, 여성

게으르고 눈치만 보는 무리가 아닌, 언제나 회사를 위해서 최선을 다하는 여사원들이 스스로 회사를 떠난 것이다. 내 생각에는 삼성생명에서는 더 이상 이렇게 우수한 여사원들을 놓쳐서는 안 된다고 본다.

이건희 회장은 여성인력을 그룹에서 어떠한 가치관으로 뽑고, 관리해 가고, 대우해 주어야 하는지에 대해 수필집《이건희 에세이》에서 큰 방향을 제시해 놓고 있다.

- 몇 년만 지나도 여성인력 중에서 경영자가 많이 나올 것이 다. 여성인력 활용이 선진국의 척도가 된다.
- 조선소의 용접공에도 여성이 많고, 지게차나 버스를 운전하는 여성도 있다. 섬세하고 감각적인 분야에서는 여성이 남성보다 훨씬 뛰어난 능력을 발휘하고 있다. 이처럼 여성의 능력이 증명되어 있는데도 우리는 그것을 잘 인정하지 않으려는 경향이 있다.
- 간혹 어렵사리 우수한 여성인력을 선발해 놓아도 못 배겨 나게 배척하는 분위기 때문에 자꾸 밀려난다.

삼성인 샐러리맨
삼성문화 대기업문화

- 기존의 남녀 차별 관행을 모두 걷어내야 한다.
- 여자라는 이유로 채용이나 승진에서 불이익을 준다면 이에 따라 당사자가 겪게 될 좌절감은 차치하고라도 기업의 기회 손실은 무엇으로 보상할 것인가.

그러나 현실적으로는 이런 회장의 생각은 제대로 시행되고 있지 않다고 본다. 그룹에서 힘들여 뽑아서 보낸 대졸 여사원들이 자신의 능력과 개성을 채 꽃피우기도 전에 군대식 문화에 의해, 관료적이고 권위주의적인 관리자들에 의해 시들어 버렸다고 말해도 좋을 듯하다.

▎ 삼성생명의 고졸 여사원

7, 8년 전만 하더라도 '여사원' 하면 으레 고졸 여사원만 생각하면 되었다. 대졸 여사원은 전사에 한두 명밖에 없었던 것 같다. 그래서 그때까지만 해도 여사원에 대해서는 동생 대하듯이 따뜻하게 대해 주고 배려해 주면 되었다. 능력, 진급, 개성 등에 대해서는 거의 생각하지 않았다. 그런 고졸 여사원에 대한 나의 평가는 '삼성생명의 여사원들은 똑똑하고 병들지 않았으며, 회사 발전의 주춧돌과도 같다.'라는 것이었다. 남사원들에 비해 주어진 업무의 성격이 다를 뿐, 능력상 그 누구에게도 뒤질 것이 없다고 본다. 고졸 여사원이 삼성에 입사하려면 성적이 전교에서 몇 손가락 내에 들어야 하고, 회사에서 골라서 뽑다 보니 한결같이 예쁘고 용모 단정한 여사원만 삼성에 모인 것 같다는 말도 많이 들었다. 내가 있던 부서에서도 여사원들이 밤 12

시까지 남사원들과 똑같이 일을 하면서도 조금도 불평하지 않았다. 몇 개월을 밤 10시 이후에 퇴근하면서도 '여사원인데!' 하는 말을 하지 않았다. 부서에 따라서 어느 정도 차이는 있겠지만 지역본부나 영업소에서 일하는 여사원들도 마찬가지이다. 옛날에는 매일같이 밤늦게 소장과 둘이 남아서 일하다 보니 소장이 택시로 집까지 바래다주어야 하는 상황이 잦아져서 자연스럽게 가깝게 되고, 결혼까지 하게 되는 경우가 많았다고 한다. 작년에 있었던 구조조정과 관련된 감원 바람 속에서 여사원들이 회사의 예상보다 많이 사표를 내었다고 한다. 게으르고 눈치만 보는 무리가 아닌, 언제나 회사를 위해서 최선을 다하는 여사원들이 스스로 회사를 떠난 것이다. 내 생각에는 삼성생명에서는 더 이상 이렇게 우수한 여사원들을 놓쳐서는 안 된다고 본다.

▌삼성생명의 대졸 여사원

그룹 차원에서 '성차별 철폐'가 신경영의 인사원칙으로 도입됨에 따라 남사원과 여사원 간의 일체의 차별을 없애고 발탁승진도 제한 없이 실시하겠다는 발표가 있었다. 그룹에서 공채한 대졸 여성 인력들은 삼성생명에도 매년 몇십 명씩 들어 왔고 재작년까지만 해도 그 숫자가 100명이 넘었던 것 같다. 여자가 남자보다 일을 잘하는가 못하는가에 대해서 내가 보는 바로는 거의 차이가 없다고 생각된다. 절반 정도는 회사생활이 힘들다고 하며 절반 정도는 열심히 잘해 나가고 있는 것 같은데, 이는 남자들도 마찬가지이기 때문이다. 그럼에도 불구하고 삼성생명에서 대졸 여사원들은 '실패한 직장

여성'의 맛을 보아야 했던 것 같다. 내가 소속해 있던 직전 3개 부서에서 근무했던 대졸 공채 여사원들의 대부분이 최근 1~2년 사이에 사표를 썼던 것이다. 그들의 대부분은 작년에 있었던 구조조정의 바람 속에서 더 이상 삼성생명에 머물 이유도 없고, 머물고 싶은 마음도 없다는 것을 깨닫고 스스로 포기한 경우이다.

▌넘어야 할 벽이 많다

최근 직장인들 사이에 화제가 되고 있는 것 중의 하나가 '성희롱'에 관한 것이라고 생각된다. 내가 경험한 바로는 '성희롱'에 관한 한 삼성은 거의 문제가 없었다고 믿는다. 의식수준이 선진화되었기 때문이라기보다는 보수적인 문화 내에서 그런 사소한 문제들도 용납이 되지 않기 때문이라는 이유가 더 클 것이다.

하지만 옛날의 관점에서는 조금도 문제될 것이 없지만 새로운 시대를 맞이한다는 의미에서, 젊은 사원들의 관점에서 여사원에 대한 의식이 바뀌어야 한다는 사례를 하나만 들고자 한다.

체육대회에서 있었던 일이다. 점심시간에 임원과 함께 반주를 같이 하던 한 부장이 대졸 여사원들을 찾기 시작했다. 무엇이 그리 급한지 동네가 떠들썩하게 여사원들을 찾아다녔다. 결국 세 명의 대졸 여사원들을 다 찾아서 임원에게 소개를 시켰다. 여사원들이 할 수 있었던 일은 차례대로 술을 따르는 일이었다. 부장 입장에서는 그냥 임원에게 인사시키려고 했을지 모르지만, 그것을 바라보는 일반 사원들의 눈에는 곱게 보이지 않았다.

산행을 갔다가 내려오면서 장기자랑 시간에 있었던 일이다. 장기자랑에 나가 노래를 부르거나 춤을 춘 여사원들이 자기 차례가 끝나고 들어갈 때에 멀리서 지켜보던 임원에게 가서 술을 따라야만 했다. 딸처럼 소중한 부하 여사원들에게 술 한 잔 받는 것이 어떠냐고 할지 모르지만 신세대 사원은 물론이고 나까지도 그런 행동을 이해하기 어려웠다. 내가 안타깝게 생각하는 것은 그런 행동이 여사원들을 불쾌하거나 어렵게 만든다는 차원이 아니라 그런 것을 시키는 중간 간부나 대리급 사원이 있다는 점이다. 즉, 무슨 행사에서나 항상 임원이 얼마만큼 기분이 좋은가를 살피는 사람이 존재한다는 사실이 문제인 것이다. 임원은 가만히 있다. 그런데 꼭 누군가가 노래를 부르고 들어오는 여사원에게 '저기 가서 임원에게 술을 따르고 들어오라.'라고 시키는 사람이 있으니 문제이다. 술자리에서 임원에게 여사원을 인사시키겠다고 찾아와서 술을 따르게 하는 간부도 마찬가지이다.

관심이 필요한 사람들, 전문가

이 밖에도 외국 금융기관에서 일하다가 삼성생명으로 온 사람들도 2, 3년 뒤에는 다시 외국 금융기관으로 돌아가는 것을 보았다. 미국에서 MBA를 받고 온 사람들도 조건만 맞으면 언제든지 나가겠다는 말을 하고, 심지어는 오리지널 삼성생명 출신도 그런 기회를 엿보는 것 같다.

┃ 홀대받는 '전문가'

회사에서는 자기가 맡은 업무 이외의 일도 잘해 내야 한다. 행사도 잘해야 하고, 술도 잘 마셔야 하고, 부하들을 꼼짝 못 하게 만들기도 해야 한다. 자기가 맡은 일만 열심히 하다 보면 어느새 외톨이가 되어 있고, '이단자' 취급을 받는다.

그런 조직에서 박사라든지 외국 금융기관 출신이라든지 MBA 출신 등은 입지가 좁아질 수밖에 없다. 그런데도 한때 삼성생명에서는 이런 인력들을 많이 뽑았었다. 그런 인력들을 어디에다가 쓸 것인지는 고민해 보지 않고, 몇 명이라는 숫자를 중요시한 듯싶다. 그런 인력들은 지금 거의가 나가고 없는 것 같은데, 이유는 그런 전문가들에게 맞는 전문적인 일을 주지 않았거나 그런 일이 없다는 것이다. 혹은 전문가에게 열심히 보고서를 쓰게 만들지만 실행은 하지 않았던 것이 그들을 실망시켰는지도 모르겠다.

또 다른 이유는 삼성문화 속에 전문가를 빠뜨려 놓고 무조건 거기에 적응하라고 하는 것이다. 말하자면 전문가들이 와서 생활할 수 있는 토양을 만드는 노력을 소홀히 하는 느낌을 받는다. 오래전 '삼성금융연구소'를 설립하는 초창기에 내가 있던 부서에서 박사급 연구원들을 많이 뽑았다. 그런데 얼마 지나지 않아서 그 박사들의 상당수가 그만두었다고 했다. 왜 그랬는지 물어보니 삼성금융연구소는 연구할 분위기가 아니라는 말들을 하고 떠났다는 것이었다. 실력이 있어서 오라고 하는 데가 많은 사람은 다 나가게 되어 있다는 말을 들었다. 물론 남아 있는 분들이 실력이 없다는 말은 아니니 오해하지 말기를 부탁드린다.

▎삼성생명을 떠나는 박사들

삼성생명에서도 몇 년 전에 박사를 약 5명 정도 채용한 적이 있었다. 지금 그들 중 단 한 명도 삼성생명에 남아 있지 않다. 연구소도 그러할진대 삼성생명에서는 박사가 할 일이 더더욱 없기 때문이 아닐까? 찾아보면 일이야 있기는 하겠지만, 그런 노력도 소용이 없다. 아무리 자기가 맡은바 일을 열심히 해도, '자신의 일밖에 모른다.' '아는 것은 많은데 쓸 데가 없다.'라는 말을 들으면서 살아야 하니 일할 의욕이 없어진다. 역시 '실력 있고 오라고 하는 데가 있는 박사'는 미련 없이 떠나는가 싶었다.

박사들이 채용되고 나서 맨 먼저 회사로부터 받은 오더 중 하나는 향후 몇 년간의 환경 변화를 정리해서 한 장의 도표로 만들어 벽에다 붙일 수 있도록 하라는 것이었다. 박사들은 거기에 대해 불만이 많았다고 한다. 환경 변화 예측까지는 하더라도 경제 현상을 한 장에 요약하고 벽에 붙인다는 발상을 쉽게 못 받아들였던 것이다. 이 밖에도 외국 금융기관에서 일하다가 삼성생명으로 온 사람들도 2, 3년 뒤에는 다시 외국 금융기관으로 돌아가는 것을 보았다. 미국에서 MBA를 받고 온 사람들도 조건만 맞으면 언제든지 나가겠다는 말을 하고, 심지어는 오리지널 삼성생명 출신도 그런 기회를 엿보는 것 같다.

인사 부서에서 해야 할 일들

내가 경험한 바로는 상사와 1차, 2차, 3차 면담을 제대로 하는 부서는 없었다. "혹시 인사 부서에서 제대로 면담을 했는지 조사하는 전화를 걸어오면 우리 부서는 모두 제대로 면담을 했다고 그래라." 이렇게 신신당부를 하기도 한다.

▌시급한 고과제도 정착

관리의 가장 기본이 되는 것이 '고과제도'라고 생각한다. 그런 의미에서 삼성생명은 아주 선진화된 고과제도를 시행하고 있다. 오래전부터 사원 자신이 고과 기간 동안 추진해야 할 목표를 세우고, 상사와 처음, 중간, 마지막 등 3회에 걸쳐서 면담을 하고 결과에 대해 객관적인 평가를 받는다. 그러나 그동안 제도가 운영되고 있는 것을 보면 그런 제도가 없는 편이 오히려 낫다는 생각이 들 정도이다.

현재 시행되고 있는 고과제도가 10여 년 전에 하던 고과와 달라진 것이 아무것도 없기 때문이다. 10여 년 전에도 상사의 판단으로 고과를 했고 지금도 역시 상사의 판단으로 고과를 하는 데 불필요한 고과표를 사원들이 작성하는 것이다. 내가 경험한 바로는 상사와 1차, 2차, 3차 면담을 제대로 하는 부서는 없었다. 고과철이 되면 초등학생이 밀린 숙제를 하듯이 고과표를 작성하고 상사와의 면담도 제대로 하지 않는다. "혹시 인사 부서에서 제대로 면담을 했는지 조사하는 전화를 걸어오면 우리 부서는 모두 제대로 면담을 했다고 그래라."

이렇게 신신당부를 하기도 한다. 상사가 한번도 제대로 읽어 보지 않는 고과표를 작성하는 사원들의 마음은 그래도 진지하다. 혹시나 제대로 읽어 줄지 모른다는 생각에서 며칠 동안 고민을 하고 작성하는 사원도 많은 것이다. 그러나 10여 년 전이나 지금이나 변한 것은 별 로 없다. 단지 변한 것이 있다면 회사에서는 형식적으로라도 '자기 점검표' 같은 제도를 계속하고 있고, 사원들은 필요도 없는 고과표에 미련을 갖고 혹시나 하는 마음으로 열심히 작성한다는 것이다.

▌ 아직은 요원한 '다면 평가제'

몇 년 전에는 다면 평가제를 도입했었다. 상사뿐 아니라 부하들도 자신의 상사들이 업무상 훌륭한 능력을 가지고 있는지, 제대로 조직 관리를 하고 있는지, 사원들에게 불필요한 일을 시키고 있지는 않은지에 대해서 평가하고 그 결과를 상사의 고과에 반영시키는 것이다. 상사의 지시가 회사의 방침보다 우선시되는 조직에서 이 제도가 잘 정착되지 못하리라는 생각이 들었는지 회사 측에서도 처음 1년은 간부에 한해서 이 제도를 시행한다고 했다. 그런데 분명한 것은 이듬해에 시행 범위를 넓히겠다는 당초의 계획과는 달리 아예 이 제도가 없어지지 않았는가 싶을 정도로 조용했던 것이다. 내가 아는 바로는 더 이상 그런 제도는 존재하지 않는 듯하다. 감히 자기 상사의 잘못을 인사 부서에 적어 낼 사람이 어디에 있겠는가? 오히려 상사에 대한 거짓말만 많아져서 진실을 더 왜곡시킬 수도 있다. 이 제도가 제대로 시행되었더라면 회사가 몇 번은 발칵 뒤집어졌을지 모른다는 생각이 들고, 그렇기 때문에 이런 제도가 제대로 뿌리내릴 수 없었던 것이 아닌가 싶다. '다면 평가제가 제대로 시행되는 날이 온다면, 그날은 회사가 제대로 잘 돌아갈 것이 틀림없다.'라고 말해도 좋을 듯하다.

▎'종업원 만족도 조사'는 솔직성이 전제되어야

오래 전부터 'ESI'라는 제도가 시행되고 있다. 우리말로 '종업원 만족도 조사'로 번역되는 이 제도는 사원들이 자신의 회사에 대해서, 자신의 부서에 대해서 얼마나 만족하고 있는지를 조사하는 것이다. 만일에 여러분이 이런 설문지를 받았다면 얼마나 자유롭고 솔직하게 대답을 하겠는가 생각해 보길 바란다. 이 제도의 생명은 '솔직한 대답'에 있다는 것은 두말 할 필요도 없다. 당시에 나는 해외투자 부서에 있었는데, 일반적으로 말한다면 그 부서는 전사에서 가장 자유롭고 개성이 존중되는 부서로서 사원들에게 가장 인기가 높은 부서였다. 물론 밖에서 생각하는 것과 안에서 당사자가 되어 경험하는 것은 다르기 때문에 결과도 반드시 좋게 나오리라는 보장은 없겠지만, 그 결과는 참담했다. 해외투자 부서가 전사에서 가장 낮은 수준이었던 것이다. 그 당시 해외투자 부서에서 부서 운영을 잘하지 못한 점도 인정하지만 나는 그것보다 더 큰 이유가 있다고 믿는다. 즉, 그것은 해외투자 부서의 사원들이 너무도 순진하고 솔직했다는 점이다. 해외에서 박사 학위를 따고, MBA를 받고, 외국 투자기관에서 근무하다가 온 부서원들의 눈에는 삼성생명의 한 부서인 해외투자 부서가 능률적으로 돌아가며, 사원들이 만족할 수 있는 업무를 하고 있다고 생각될 리가 없었던 것이다. 그리고 그 사원들은 ESI가 잘못 나올 경우에 부서장이 겪게 되는 어려움에 대해서 생각해 볼 만한 '삼성식 교육'이 전혀 안 되어 있었다. 그 다음해의 ESI 조사에서는 해외투자 부서의 점수가 많이 올라갔다. 사원들의 부서에 대한 만족도가 하루아침에 많이 변하는 것인지는 의문스럽다. 그 설문서를 작성한 사원 중의 한 사람이었던 내가 생각하기로는 이듬해 설문조사를 받은 사원들은 그 직전 연도의 쓰라린 경험이 '학습 효과를 가져온 것으로 추측될 따름이다. 그런 제도를 시행하려면 먼저 사원들이 솔직하게 대답할 수 있는 회사의 분위기가 형성되어 있는지를 먼저 조사하여야 한다. 마음속으로는 불만이 있으면서도 상사와 부서의 평안함을 위해서 엉뚱한 번호에 동그라미를 치는 현실이 안타까울 뿐이다.

상사는 직장의 부모

어디까지는 잘못을 인정하지만 어느 부분은 상사의 잘못도 있다든가 하는 반박을 상 상도 못한다. 만일 그런 반박이 있다고 한다면 잠시 분위기는 나빠질지 모르지만 그 다음 번에는 더 발전된 내용으로 마주 앉을 수 있을 것인데, 아무도 그렇게 못하니 항 상 다람쥐 쳇바퀴 도는 격이 된다.

▎상사는 직장의 부모

조직이나 상사가 상식적으로 납득하기 어려운 지시를 하더라도 이에 대해 반대 의견을 내기는 힘든 분위기이다. 아무리 상사가 신경영이나 경영 방침과 다른 불합리한 업무를 맡기더라도 일은 일이니까 한 치의 빈틈도 없이 수행해야 하며, 설령 인격적인 모욕을 받더라도 참는 수밖에 없는 형편이다. 대세를 거스르기란 개인의 힘만으로는 불가능한 것이다. 그 가장 큰 이유는 아마도 '상사에게는 절대 복종해야 한다.'라고 하는 신입사원 시절부터의 교육과 조직생활 중에서 보고 느낀 '학습 효과' 때문인 듯하다. 삼성에서는 '상사는 직장의 부모다.'라는 말이 통용되고 있다. 부모들이 고생해서 키운 자식을 삼성에 맡겼는데, 그 자식을 받아서 제대로 못 키우는 것은 범죄 행위라고도 말할 수 있다는 것이다. 삼성에서 부정이 용납되지 않지만,

그 부정보다도 더 큰 잘못은 사원을 제대로 못 키우는 것이며, 이것은 삼성뿐 아니라 국가적인 차원에서 손실이며 범죄 행위에 속한다고 말한다.

▌ 침묵도 오래가면 아름답지 않다

경영진과 임원이나, 경영진과 부장 간의 회의 문화는 말만 회의이지 거의 고문에 가깝다고 한다. 몇 시간씩 경영진이 질타를 해도 거기에 대해서 조목조목 따지거나, 어디까지는 잘못을 인정하지만 어느 부분은 상사의 잘못도 있다든가 하는 반박을 상상도 못한다. 만일 그런 반박이 있다고 한다면 잠시 분위기는 나빠질지 모르지만 그 다음 번에는 더 발전된 내용으로 마주 앉을 수 있을 것인데, 아무도 그렇게 못하니 항상 다람쥐 쳇바퀴 도는 격이 된다. 어떤 결과에 대해서 왜 이렇게 되었냐고 경영진이 질책하면, "당시에 저희는 의견이 달랐는데, 그런 식으로 말씀하셔서 거기에 따랐습니다." 하고 나름대로 변명을 한다. 그러면 거기에 대해 경영진은 "내가 비록 그렇게 말했지만 나보다 더 전문가 아닌가? 상사를 설득시키는 데 그렇게 소신도 없어?"라고 하면서 또 나무라는 것이다. 그러면서 그전에는 '잘못된 원인을 밝혀라.' 하고 지시하던 것을 이제는 '잘못된 원인을 밝혀내고, 그런 원인이 나타나게 된 원인까지 규명해라.' 하고 지시하니, 몇 년째 돌고 도는 상황의 반복으로 인해서 이제는 상사도 부하도 누가 먼저 잘못을 했는지 구분이 가지 않는 시점까지 온 셈이다.

▌'그렇지 않습니다'라고 대답하면 될 것을

또 다른 경영진의 일이다. 역시 업무회의 한 시간을 하면 그 밑의 임원이나 부장들이 단 한마디의 말도 하지 않는다고 한다. 한 시간 내내 자신의 일방적인 의견을 주입시킨 후 '그렇지 않습니까?'라고 말하면 모두들 꿀 먹은 벙어리이다. 부장들은 거기에 대해 문제가 있다는 것을 알더라도 아무 말도 하지 않는다.

부장, 과장도 마찬가지이다. 경영진에게서 오더를 받을 때에 한마디의 의견도 개진하지 않았으니 자신의 판단과 사원들의 의견을 수렴하기보다는 어떻게 하라고 지시만 하는 회의를 주재한다. 말이 검토이고 보고서이지 모든 것의 결론은 미리 정해져 있는 것이다. 그런 분위기에서는 부하가 거의 이틀씩 걸려서 열심히 만든 보고서를 놓고 상사가, "나 같으면 20분이면 만들 보고서를 무엇 때문에 이틀이나 질질 끌었나?"라고 말해도 아무 대꾸도 못한다. 그리고 그렇지 않아도 단순 반복 업무에 대한 불만을 감추고 묵묵히 일하고 있는 부하에게, "초등학생들도 할 수 있는 일을 가지고 뭐 그리 대단한 일이나 하고 있다고 생각하느냐?"라고 하면서 꾸짖어도 가만히 있는다. 이래서는 상사와 부하 간에 더 이상 존경이고 사랑이고 배려이고 희생이고 없는 것이다. '상사는 직장의 부모다.'라는 말은 안 통하는 것이다.

▌가르샤의 밀사

입사 후 며칠 안 된 햇병아리 시절이었다. 열흘 동안 함께 일하게 되었던 한 소장이 실습 총무인 나에게 좋은 말들을 많이 해 주었다. 1991년 초에 그런 책이 많이 읽혔는지 그 소장은 '가르샤의 밀사'라는 이야기를 해 주면서 모든 일을 스스로 찾아서 하라고 말해 주었다.

기억이 가물가물하지만 그 책 속에서 아주 높은 계급의 군인이 밑의 장교를 불러 아무개를 찾으라는 명령을 내린다. 그 아무개는 중남미의 한 정글에 있다는 말만 했을 뿐 도움이 되는 정보는 아무것도 주지 않았다. 그런데도 그 장교는 상사에게 더 이상 상세히 물어보지도 않고 나가서 스스로 아무개를 찾았다고 하는 이야기였다. 신입사원 시절의 나에게 가장 적합한 교훈이라고 믿었고, 그 후로도 그 이야기를 가끔씩 상기했다.

그런데 삼성생명에서는 그 '가르샤의 밀사'와 같은 일들이 자주 생긴다. 다른 의미에서가 아니라 상사에게 묻거나 귀찮게 구는 일을 하지 않는다는 면에서 그렇다.

한번은 임원이 지시를 했다. "오늘 손님을 접대하는 자리는 얼마 전에 먹은 식당이 좋던데, 거기로 정해라." 지시를 받은 사람은 그 자리에서, '그 식당이 어디입니까?'라고 물어보면 될 것을 "잘 알겠습니다."라고만 말하고 가르샤의 밀사 이야기처럼 물러나왔다. 그런데 그때부터 비상이 걸렸다. 그 임원이 얼마 전에 먹었다는 그 식당을 찾아 나선 것이다. 얼마 전까지의 임원 스케줄을 비서에게서 알아내고, 알 만한 사람들에게 온통 전화를 하고 찾아가서 물어본 뒤에 드디어 그 장소를 알아낼 수 있었다. 또 한번은 부서에서 책자를 만들었을 때였다. 자료를 모아 원고를 작성하고 교정·편집을 하고 인쇄소에 의뢰하여 책이 인쇄되어 나왔다. 출간된 책을 전 부서와 지점에 배포만 하면 되는 단계였다. 임원에게 보고를 하기 위해서 그중 한 권을 들고 들어갔다. 그런데 그 책자를 본 임원은, "책 사이즈가 조금 크다. 손

제7부
상사

167

바닥 안에 들어갈 정도면 좋지 않겠나?"라고 한마디 훈수를 했다. 거기에서 또 많은 고민이 시작되었다. 그런 말을 듣는 즉시 벌써 책자가 몇백 부나 인쇄되어 버렸는데, "다음에는 그렇게 하겠습니다."라고 말하면 되는 것을, 그 말을 못하고 물러나왔던 것이다. 다시 인쇄를 할 것인가, 아니면 그냥 배포할 것인가를 두고 거의 일주일을 고민하다가 그냥 배포한 적이 있었다.

부모를 상사 반만큼만 섬겨도 효자 난다

해외에 주재하는 임원이 서울에 와서 본사를 방문할 때면 항상 회사 승용차를 공항에 보내야 했다. 한국에 처음 온 외국 사람도 아니고, 공항에서 문만 나서면 모범택시가 줄을 지어 서 있는데도 굳이 차량을 보내라고 했고, 결과는 빠짐없이 보내는 쪽이었다.

▌부모를 상사 반만큼만 섬겨도 효자 난다

상사는 직장의 부모이니 유교적인 전통 속에서 살고 있는 우리나라, 특히 삼성생명에서 상사는 그야말로 하늘과 같은 존재이다. 그래서 사원들은 '자기 부모를 상사에게 하는 반의 반만큼만 섬겨도 효자가 될 것이다.'라든지 '삼성생명 임원과 부장은 휴일에도 집에 있는 것보다 회사에 나오고 싶을 것이다.'라는 우스갯말을 한다. 상사가 단 몇 분이라도 기다리거나 불편함을 느끼면 그것은 용서받을 수 없는 일이다. 맡은바 업무에서 아무리 점수를 많이 딴들, 그런 일에서 실수를 하거나 능력이 없음이 알려지면 더 이상 출세하기는 힘들다고 보면 된다. 그래서 '의전'을 소홀히 하거나 잘못하는 간부는 거의 없는 것이다.

한 경영진은 일본에서 오랫동안 근무를 했기 때문에 일본에 대해서 누구보다도 잘 알고 있었다. 그런데도 일본 출장을 가면 항상 주재원이 마중을 나와야만 했다. 사내 방송에 나온 주재원의 하루일과는 눈코 뜰 새 없이 바빴는데, 그런 날은 일이 없는가 하는 생각이 들었다.

반대로 해외에 주재하는 임원이 서울에 와서 본사를 방문할 때면 항상 회사 승용차를 공항에 보내야 했다. 원래 회사 업무용 차량이 부족한데다가 담당 부서에서도 그 정도의 일이라면 차량을 내주는 데 대해 부정적이라서 차량 준비를 하는 담당자만 애를 먹었다.

한국에 처음 온 외국 사람도 아니고, 공항에서 문만 나서면 모범택시가 줄을 지어 서 있는데도 굳이 차량을 보내라고 했고, 결과는 빠짐없이 보내는 쪽이었다. 게다가 차량만 달랑 보내면 되는가 하면 그것도 아니다. 운전기사와 그 임원이 서로 얼굴을 모르니 사원도 한 명 따라 나가야 한다. 모범택시를 타면 간단할 텐테 담당 부서에 사정을 해서 차량을 확보하고 담당자가 왕복에 걸리는 시간과 기다리는 시간을 합해서 거의 세 시간은 허비하게 되는 것이다.

▌ 낙후된 조직일수록 '상사'가 '조직'에 우선

상사 이야기를 하자니 후배 한 명이 항상 하던 이야기가 생각난다. 러시아의 어느 초소에 관한 이야기이다. 러시아의 국경 지대에 다리 하나가 있었는데, 거기에 두 명의 병사가 보초를 서고 있었다고 한다. 그런데 두 병사에게만 그 중요한 다리를 맡길 수 없는지라 본부에서 장교를 한 명 파견하기로 했다는 것이다. 그 후로 초소는 덩치가 무지무지하게 커졌다. 장교가 근무를 하니 밥을 하는 병사가 필요하고, 이발사가 필요하고, 그 인력을 관리하는 중간 관리자가 필요했다. 나중에는 그 초소에 10명가량의 군인이 머물게 되었다. 일이 이렇게 되자 본부에서는 초소가 너무 비대해졌다고 인원을 줄이라는 지시를 내렸는데, 그 결과 처음부터 있던 병사 두 명이 초소에서 빠져나오게 되었다고 한다. 나머지 인원은 장교가 있는 한 반드시 필요한 사람들이고, 그 초병은 장교의 입장에서 본다면 덜 필요한 부하였기 때문이라는 것이다. 회사에서도 상사가 원하는 것만 골라서 하는 사람들은 칭찬을 받고, 부서 고유의 일에만 신경을 쓰는 사람은 상대적으로 인정을 덜 받는 것을 자주 보아 왔다.

카리스마가 있는가

그 사람과 멀리 떨어질수록 마음이 편하다가도 그 사람이 부르면 쏜살같이 뛰어간다
면 그 사람은 권위주의자라는 표현이 걸맞지 카리스마는 아니라는 것이다.

▌진정한 카리스마란?

삼성생명 상사들은 대부분 부하 직원을 '꼭' 잡고 있지만, 그중에서도 특
히 부하 직원들이 꼼짝도 못하고 한마디의 의견도 못 내게 하는 상사가 있
다. 이런 상사를 두고 사원들은, "저 상사는 합리적이지는 못해도 카리스마
는 있다."라는 말을 자주 한다. 나도 그런 상사가 한편으로는 회사의 뒷다리
를 잡고 있다고 생각하면서도 한편으로는 매사에 빈틈이 없고, 부하들에게
해 줄 것을 챙겨서 해 주고, 부하들이 함부로 대하지 못할 정도의 능력도 있
다고 싶어서 '카리스마'라는 용어를 쓰기도 했다. 그런데 한 과장의 말을 듣
고는 고개가 끄덕여졌다. 그 과장이 어떤 기사에서 카리스마의 의미에 대한
것을 읽었다고 한다. 그 글에서는 카리스마가 있는 사람은 그 사람이 나타
났을 때 다른 사람들의 반응을 보면 알 수 있다고 씌어 있었다. 카리스마가

있는 사람이 나타났을 때에 많은 사람들이 그가 좋아서 자기도 모르게 모여 든다면 그 사람의 카리스마는 진정한 것이다.

그러나 내심으로는 그 사람 앞에 가고 싶지 않음에도 불구하고 할 수 없이 다가간다면 그것은 카리스마가 아니라 단순한 복종에 불과할 뿐이다. 그 사람과 멀리 떨어질수록 마음이 편하다가도 그 사람이 부르면 쏜살같이 뛰어 간다면 그 사람은 권위주의자라는 표현이 걸맞지 카리스마는 아니라는 것이다. 그렇다면 사원들이 진정으로 존경하고, 함께 있으면 비전을 갖게 되며, 내 아픔을 어루만져 줄 것이라고 생각하는, 진정한 카리스마를 가진 상사가 얼마나 되는지 되돌아보아야 한다고 생각한다.

▌통이 작은 임원

상사가 사원의 기대와 믿음을 저버렸을 경우에 조직은 제대로 돌아갈 수가 없다. 상사들에 대해서 실망한 적이 여러 번 있지만 그중에서도 가장 큰 것은 상사들의 '통'이 너무 작다는 점 때문이었다. 경영진에서 보고서를 놓고 마음에 들지 않는다고 자꾸 퇴짜를 놓으니까 담당 임원은 부장에게 자기의 상사로부터 들은 지시를 그대로 옮긴다. 또 부장은 과장에게 토씨 하나 틀린 것도 다시 수정하라고 지시를 하는 것이다.

내가 보기에 삼성생명에서 '큰일'을 구상할 수 있는 여유와 배포를 가진 임원은 불과 몇 명이 안 된다고 본다. 경영진이 부장이나 과장이 챙길 일들을 다 챙기니까 임원과 부장은 거의 대리가 결정해도 되는 사안에 대해서 혹시 경영진이 물어볼까 걱정스러워 챙기는 것뿐이다. 말하자면 세세한 숫자를 외우느라고 정신이 없는 것이다.

일본 모 생보사의 경우만 하더라도 임원과 점심 약속을 하려면 두 달 전에 미리 예약을 해야 하는데, 삼성생명 임원의 점심시간은 항상 비어 있고, 친한 임원이나 부하들하고만 같이 점심을 한다는 말도 오래전부터 있어 온 이야기이다. 그만큼 임원들의 역할이 작고, 세세한 것만 챙기고 있는 것이 현실이다. 나는 임원들 개개인 자체가 인격적으로 '통'이 작다고 생각하지 않는다. 삼성생명에서 몇십 년 일해 온 임원은 물론이고 재경부나 한국은행, 외부 금융기관에서 온 임원들도 몇 개월만 지나면 통이 작아질 수밖에 없는 문화에 잘못이 있다고 생각한다.

똥 묻은 부하도 재 묻은 상사에게 직언해야 한다

또 하나는 우리에게 너무도 높은 '관념의 벽'이 있다는 것이다. 즉, 상사에게 직언을
하더라도 예의를 갖추고 그 상사의 감정이 상하지 않는 범위에서, 자신의 할 일을 다
해 놓은 상태에서 해야 한다는 전제조건이 너무 까다롭다고 생각된다.

▌ 마지막까지 지키는 '삼성인'의 뒷모습

외국 영화를 보더라도 그렇고 TV 드라마를 보더라도 한번씩은 상사에게
대들고, 사표를 쓰겠다고 큰소리치는 장면을 볼 수 있다. 사람 사는 사회에
서는 가끔씩 있을 수 있는 일이라고 본다. 아무리 업무적으로 스트레스를
잘 이겨 내더라도 인격적인 모욕을 받으면 얼굴이 붉어지고 심지어는 멱살
까지 잡게 되는 것이 보통 사람들의 감정이다. 그런데 그런 모습을 삼성생
명에 다니는 8년 동안 한 번도 보지 못했다. 아니, 정말로 단 한 번도 보지
못했으며, 앞으로도 그럴 수 있는 분위기도 아니고, 그럴 사람도 없다고 본
다. 이런 모습은 회사에 몸을 담고 있거나 회사를 떠나거나 쉽게 변하지 않
는 것 같다. 그동안 그렇게 대하기 힘들었던 상사도 막상 직장을 떠난다고
생각하면 다들 '일이 원수이지 인간이 무슨 죄가 있겠나?' 하고 느끼는 것 같

다. 그런 전통이 IMF 시대의 감원 바람 앞에서도 무너지지 않는 듯하다. 흔히들 삼성을 떠나게 되는 몇만 명의 사람들이 그렇게 조용히 떠나는 것을 보면 이해가 안 간다고 말한다. 자신의 인생과 가족의 생계까지 달린 '직장'을 떠나는 사람들의 마음이 오죽 힘들까 하지만 그 많은 사람들이 마지막 순간까지 '삼성인'의 뒷모습을 남기고 조용히 떠나는 것이다.

▌똥 묻은 부하도 재 묻은 상사에게 직언해야 한다

그런 행동이 한편으로 존경스럽고 미덕이라는 생각도 들지만, 다른 한편으로는 삼성의 상사들이 진정한 변화를 보이지 못하는 원인의 하나를 제공할 수도 있다고 본다. 그럼에도 불구하고 아무도 '상사에게 직언을 해라.' '지나친 격식과 예의는 갖추지 말아라.' 하고 말할 수 없다. 상사에게 칼같이 잘하고 부모보다 더 큰 섬기는 사람이 존재하고, 그런 사람을 자신의 옆에 앉히는 분위기가 있는 한 그런 것이 얼마나 어려운 것인지 잘 알기 때문이다. 또 하나는 우리에게 너무도 높은 '관념의 벽'이 있다는 것이다. 즉, 상사에게 직언을 하더라도 예의를 갖추고 그 상사의 감정이 상하지 않는 범위에서, 자신의 할 일을 다 해 놓은 상태에서 해야 한다는 전제조건이 너무 까다롭다고 생각된다. 과연 누가 할 수 있겠는가. 그렇게 하려면 아무것도 되지 않는 것이다. 설령 자신의 몸에 똥이 묻었더라도 상사의 몸에 묻은 재를 털어주는 것은 좋은 일이며, 그 행동이 다소 거칠어서 자신의 감정이 상하더라도 돌아서면 그런 점까지 포용할 줄 아는 상사의 자세가 필요한 것이다. 지금처럼 상사의 권위주의가 높은 현실에서 직언을 하는 부하의 입장에 대한

요구를 먼저 말하는 것은 변화와 개혁을 하지 않겠다는 것과 같다고 본다. 하나를 택하면 하나를 포기해야 더 잘되는 세상이다. 지금은 상사의 감정과 격식을 우선하기보다는 자기가 옳다고 생각하는 바를 목에 칼이 들어와도 안 된다고 말할 수 있는 분위기를 만들어 가는 것이 더 중요한 시기라고 하겠다.

부하직원이 말하는
'이런 상사, 꼴도 보기 싫다' BEST 5

기획 회의 때 부하 의견은 묻지도 않고 혼자서 '원맨쇼' 하는 상사, 기획 회의는 부하
직원의 기획력과 설득력을 확인하는 자리이기도 하다는 점을 잊지 말자

▌부하직원이 말하는 '이런 상사, 꼴도 보기 싫다' BEST 5

삼성생명 내에서 나온 이런 글을 읽은 적이 있다.

1위: 부하직원의 이야기에는 콧방귀도 안 뀌고 버럭버럭 큰소리부터 치는
　　　상사

2위: 자기 할 일을 부하에게 시키고 그 공은 혼자 받으려는 상사

3위: 인간미 없이 출세욕만 앞세우는 상사

4위: 회사 일이건 가정 일이건 시시콜콜 간섭하려 드는 상사

5위: 매사를 삐딱한 시선으로 바라보는 상사

┃ 되지 말아야 할 상사 유형 5가지

1. 부하 직원을 깔보고 업신여기는 상사

2. 부하 직원이 제시한 의견을 살리면서 하나의 방향으로 조성해 나갈 줄 모르는 상사

3. 자신의 무능력함을 인정하지 않고 부하 직원을 퇴근 시간 이후까지 붙잡아 두려는 상사

4. 기획 회의 때 부하 의견은 묻지도 않고 혼자서 '원맨쇼' 하는 상사. 기획 회의는 부하 직원의 기획력과 설득력을 확인하는 자리이기도 하다는 점을 잊지 말자

5. 능력 있는 부하 직원을 알아보지 못하고 칭찬은커녕 오히려 불쾌하게 만들어 '인재를 죽이는' 상사

제 8 부

술문화

삼성생명에 입사하려면 소주 두 병은 마셔야

방대한 영업 조직과 융자 조직, 그리고 군기가 센 관리 부서 등을 제외하면 나머지 부서는 몇 안 되고, 그중에서도 술 마시기를 좋아하는 관리자가 없는 부서는 극소수임을 생각한다면 10년 이상의 회사생활에서 어느 부서로 발령이 날지 모르기 때문에 술은 잘 마셔야 한다는 말이 맞는 것이다.

▌술은 필요악

'관리의 삼성'이라는 이름을 유지하려면 소위 '군기'가 세야 한다. 군기 중에는 술에 대한 군기가 빠질 수 없다. 특히 생명보험은 '인지 산업'이라서 사람과 사람 간의 유대관계가 중요하고, 원만한 관계를 유지하려면 술의 역할이 항상 들어가기 마련이며, 따라서 삼성생명만의 독특한 술문화가 있는 것이다. 이러한 술문화는 삼성생명인을 끈끈한 인간관계로 묶어 주고 직장 생활의 또 다른 맛을 제공해 주는 순기능도 있다. 반면에 술을 잘 하지 못하는 사람들에게는 '강요' '체력의 한계' '오바이트' 등의 아픔을 안겨 주며, 술을 잘 마시는 사람들에게도 집에서 기다리는 부인과 아빠하고 함께 놀고 싶어 하는 아이들에게 대해서 둘도 없는 악역을 담당하기도 한다.

▌삼성생명의 전통

삼성생명에는 '술을 못 마시면 출세를 못한다.'라는 말이 있었다고 하는데, 이 말이 어느 정도 진짜인지는 알기 어렵지만 확실한 것 하나는 현재의 경영진과 부장들 중에서 극소수를 빼고는 모두가 술에 관한 한 일가견이 있고, 사원들과 대작하여 술에 대한 군기를 확실히 잡을 수 있을 정도로 술이 세다는 것이다.

술에 관한 한 전설적인 임원 한 명이 있었는데, 몇십 년간 아무도 그 임원이 취하여 쓰러지는 것을 본 사원이 없었다고 한다. 그 임원은 자기 앞에서 술을 먹고 쓰러지지 않는 사원이 한 명이라도 있으면 그것을 못 보는 성격이었다. 마지막 한 명까지 다 나자빠지면 그제야 술자리가 끝나는 것이었다.

술을 마시는 방법은 보통 글라스에 소주를 따라서 돌리거나 아니면 큰 대접에다 술을 반 병 내지는 한 병까지 따라서 돌리는데, 술을 마시면서 조금이라도 자세가 흐트러지거나 남기거나 하면 가차 없이 한 잔 더, 그래도 마음에 들지 않으면 석 잔이든 넉 잔이든 쓰러질 때까지 주는 것이다.

물론 영업의 특성상 아무도 거기에 거역을 못하고 오히려 기분을 맞추어 주느라고 최대한 멋있게 쓰러지는 것을 최선의 방법으로 생각할 정도였다. 여기에는 여소장들도 예외가 인정 되지 않았다. 그럼에도 불구하고 그 임원을 욕하지 못하는 것은 그 임원이 먼저 술을 마시며, 또 끝까지 마시는 양은 그 회식 장소의 어느 누구보다도 많기 때문이었다.

영업 출신의 사원이나 어쩌다가 그 임원과 술을 먹고 그런 경험이 있는 사원은 그 임원과의 술자리와, 자기가 어떻게 쓰러졌는가를 자랑처럼 말하기 때문에 삼성생명인 중에서 그 임원의 이야기를 모르는 사람이 없고, 그 이야기는 마치 전설처럼 전해 내려오고 있다.

| 회장과 사장, 전설의 임원이 술시합을 한다면

앞의 임원이 그렇게 술이 세다고 하지만 그 임원보다 당시 사장이 더 술이 세다는 말도 있었다. 물론 사장과 그 임원이 술시합을 하지 않는 한 자웅을 가릴 수는 없지만 그 정도로 사장도 술이 세며, 술로써 회사를 지배할 수 있었다는 얘기이다.

그리고 사장보다 더 높은 금융그룹의 회장 역시 술에 관한 한 누구에게도 뒤지지 않으며, 양주로 시합을 하면 앞의 임원과 사장도 상대가 되지 않을 것이라고들 말한다. 내가 마지막으로 있던 부서에서도 부장은 술자리에 가면 그 자리에 참석한 사람들 중에서 가장 술을 많이 마시며, 술을 돌리는 방법 또한 다양하고 술을 권하는 스타일도 몇십 년을 해 온 탓인지 세련되어 있으며 부하를 꼼짝 못하도록 한다. 그리고 임원은 그런 부장 몇 명이 모인 술자리에서 글라스 하나로 모두를 제압하는 것이다.

| 삼성생명에 입사하려면 소주 두 병까지는 마셔야

나는 술을 잘 마시지 못한다. 한창 마실 때에 억지로 마시면 소주 두 병까지는 했지만 지금은 한 병 정도 마시면 끝이다. 그래서 술자리에만 가면 항상 고전을 하는데 최근에도 글라스에 넉 잔을 받아먹은 적이 있었다. 삼성생명에서 제대로 직장 생활을 하려면 소주 두 병 정도는 거뜬히 마시고 다음 날 아침 7시 이전에 출근을 하고, 다시 그날 밤 9시, 10시까지 일을 쉬지 않고 할 정도는 되어야 한다. 그렇지 않다고 반박할 사람도 있을 것이다. 부서에 따라서는 그런 상사를 만나지 않아서 술자리를 자주 접하지도 않고, 술을 많이 마시지 않는 부서도 물론 있다. 그러나 방대한 영업 조직과 융자 조직, 그리고 군기가 센 관리 부서 등을 제외하면 나머지 부서는 몇 안 되고, 그 중에서도 술 마시기를 좋아하는 관리자가 없는 부서는 극소수임을 생각한다면 10년 이상의 회사생활에서 어느 부서로 발령이 날지 모르기 때문에 술은 잘 마셔야 한다는 말이 맞는 것이다.

마음의 잔

10여 명이 술을 마시다가 마음의 잔이 돌면 한 잔의 마음의 잔 속에는 김치, 파전, 된장, 마늘, 찌개 등의 음식은 기본이고 담뱃재, 가래침, 심지어는 양말까지 벗어서 넣는 극단적인 경우도 생긴다.

▎마음의 잔은 고통의 잔

술이 독해서, 또는 술에 약해서 술이 싫은 것이 일반적이지만 술이 지저분해서 마시기 어려운 경우도 있는데, 그것이 바로 유명한 '마음의 잔'이다. 마음의 잔이란 대접같이 큰 그릇에 소주를 따른 후 상사나 동료나 부하에게 가장 주고 싶은 음식을 하나씩 넣어 주는 것인데, 10여 명이 술을 마시다가 마음의 잔이 돌면 한 잔의 마음의 잔 속에는 김치, 파전, 된장, 마늘, 찌개 등의 음식은 기본이고 담뱃재, 가래침, 심지어는 양말까지 벗어서 넣는 극단적인 경우도 생긴다. 마음의 잔을 마시는 방법은 먼저 거기에 들어간 건더기를 다 건져 먹은 후에 마지막으로 술을 마시면 되는데, 가래침이나 양말은 너무 했고 담뱃재까지는 평소에 접하는 메뉴이니 아무도 거부하지 않고 마신다. 한번은 모 부서의 사원들이 임원과 술을 마시던 중에 마음의 잔이 돌기 시작했고, 나중에 한 사원이 임원에게도 마음의 잔을 권했다. 순간 취한 중에서도 긴장감이 돌았고 술을 마시면 약간 오버액션을 취하는 그 사원은 막무가내로 마음의 잔을 임원에게 권했다고 한다. 다른 사원이 그 잔을 대신 받아 마시는 것으로 위기를 넘겼고 술자리에서 그 정도의 일은 용서되는 법, 아무 일 없이 그 자리는 끝이 났다고 한다.

▌예쁜 여사원의 구두를 찾아서

요즈음은 술을 구두에 따라서 마시는 문화가 거의 사라졌지만 내가 입사한 시절만 하더라도 영업 쪽에서는 구두에 술을 따라서 마시는 것은 보통이었다. 술이 얼근히 취해 오르는 시점에서 그 자리의 최고 직급인 상사가 여자 구두를 가지고 오라고 하고, 가지고 온 구두에 소주를 따라서 참석자 전원에게 한 잔씩 돌리는 것이었다.

옛날 어느 소장의 이야기인데, 지역 본부장이나 지점장이나 모두 구두를 애용하기 때문에 자기는 수도 없이 여자 구두에다가 소주를 따라 마셨다고 했다. 여자 구두를 찾아오라는 명령이 있을 때에 여사원의 깨끗한 구두가 있으면 그나마 다행이라고 했다. 왜냐하면 구두를 찾아오는 제일 말단 사원의 입장에서는 나이 많은 여소장의 낡은 구두를 들고 가면 나중에 구두를 잘못 찾아왔다고 장난기 어린 구박과 벌주까지 받는다는 것이었다. 여소장의 낡은 구두라도 있는 날에는 괜찮지만 가장 어려운 경우는 참석자가 전원 남자이거나 참석한 여자가 샌들이라도 신고 와서 구두가 없을 때는 또 다른 비상이 걸린다고 했다. 여자 구두는 소주 반 병이면 되지만 여자 구두가 없어서 할 수 없이 남자 구두를 가지고 들어가면 구두 하나에 소주 한 병까지 들어가기 때문이다.

그 소장의 말에 의하면 모 사원은 구두를 가지고 오라는 지점장의 말을 듣고 가장 깨끗하고 반짝반짝 빛나는 구두를 가지고 갔다고 한다. 그러나 술을 다 마신 후 집으로 돌아갈 시 점에서 '악!' 하고 소리를 질렀다는 것이다. 그 반짝반짝하던 구두가 다름 아닌 지점장의 구두였기 때문이다. 지점장도 술이 취해 있어서 그 구두가 자기 것인 줄 몰랐던 것이다. 구두에다가 술을 따라 마시는 것은 유쾌한 일이 아니지만 구두 대신 재떨이에 술을 따라 마시는 날은 부담이 없는 편이었다. 재떨이에는 담뱃재가 묻어 있지만 담뱃재에는 담배가 타면서 몇천 도의 온도가 모든 병균을 태워 죽였기 때문에 독소가 없을 테니까. 그리고 재떨이에는 고작해야 소주 두세 잔밖에 들어가지 않으니 부담이 없는 술잔인 것이다.

집들이에서도 폭탄주 넉 잔

그래도 부장이 체면이 있지, 약간 반발하는 듯한 기미가 보이는 잔을 받아먹으면 안 되지 않겠는가! 부장은 별 이유를 달지 않고 다시 그 과장에게 넉 잔째의 폭탄주를 주었고 그 과장은 넉 잔을 마시고 나서는 더 이상 부장에게 잔을 권하지 않았다.

▌집들이에서도 폭탄주 넉 잔

보통 집들이라고 하면 저녁 먹으면서 맥주 몇 잔하고 신혼부부의 노래 하나 듣고는 고스톱이나 포커 한 판 치고 돌아오는 정도로 알고 있었다. 그러나 술을 좋아하는 부서에서의 집들이는 역시 술로 시작해서 술로 끝났다.

집에 가자마자 평소의 술 마시는 회식처럼 술잔이 바삐 오갔고 맥주가 부족했는지 호스터가 양주를 내었다. 기다렸다는 듯이 폭탄주가 돌기 시작했는데, 부장이 쭉 한 잔씩 돌렸고 몇 명은 과장이 따르는 폭탄주도 또 마셨다. 그러던 중에 부장이 한 과장에게 폭탄주를 주었고, 그 과장은 폭탄주를 다 마신 후에, "부장님도 한잔 하시죠?" 하며 권했다. 그러자 부장은 정중히 사양하면서 그 과장에게 폭탄주 한 잔을 더 따라 주었다. 두 잔째 마시면서는 약간 힘이 들었는지 술을 조금 흘렸는데, 다시 부장에게 잔을 권하자 부장은, "어, 술을 일부러 부어 버리네." 하면서 또 한 잔 더 주었다. 이쯤 되자 우리가 보아도 그만두었으면 하는 마음이 간절했는데, 그 과장은 그것을 마시고 또 다시 부장에게 잔을 권했다. 그래도 부장이 체면이 있지, 약간 반발하는 듯한 기미가 보이는 잔을 받아먹으면 안 되지 않겠는가! 부장은 별 이유를 달지 않고 다시 그 과장에게 넉 잔째의 폭탄주를 주었고, 그 과장은 넉 잔을 마시고 나서는 더 이상 부장에게 잔을 권하지 않았다.

물론 부장은 나중에 다른 사람이 따라 주는 폭탄주를 마시기는 했지만 나는 부장이 과장이 억지로 따라주는 잔을 마실 리가 없다고 생각했다. 부장이 일전에 술을 마시면서 한 이야기를 알고 있기 때문이다.

그 이야기는 대충 이런 것이었다. "내가 과장 시절에 누구의 문상을 갔었지. 그때에 술로 유명한 임원이 계셨는데 인사를 하자 소주를 글라스로 가득 주지 않겠나? 내가 그 잔을 단숨에 비우고 한 잔 권하자 그 임원은 '어! 이 친구 술이 꽤 셀 것 같네!' 하면서 글라스로 한 잔 더 주더라구. 그리고 나서 다시 한 잔 권하자 '야, 정말 술 잘 마신다. 하면서 또 글라스로 주고, 또 주고, 또 주어 결국 소주를 글라스로 스트레이트 다섯 잔을 마셨어. 술이라면 자신 있던 나도 그 자리를 나와서 멍청하게 앉아 있을 수밖에 없었어."

과장이 사원들 보는 앞에서 조금, 아주 조금이라도 반항 비슷한 술을 권할 때에 그 잔을 받는 부장이 어디 있겠는가? 그것도 삼성생명에서!

▌술 못 마시는 사원의 취약 종목, 자기 술 자기가 마시기

나처럼 술을 잘 못 마시는 사원들은 술자리에 가기가 겁이 난다. 다들 알겠지만 술을 마시기 전에 위장약, 컨디션, 우유 등을 미리 마시고 가 보아야 허사다. 술 앞에서는 아무런 효험이 없고, 가장 좋은 방법은 역시 단 한 잔이라도 적게 마시는 것이다. 그러나 세상은 호락호락하지 않아서 술에 약한 사람이 조금만 마시게 놓아 주지를 않는다. 항상 누가 얼마나 마시는지 보고 있는 감시의 눈길이 있으며, 자기가 한 잔 마시면 상대방도 반드시 한 잔 마셔야 본전이라고 생각하는 사람이 있는 법이다.

"야, 너 아까부터 계속 보고 있었는데, 그 잔 이제 겨우 석 잔째야." "잔 앞에 놓고 고사 지내냐? 빨리 선배들부터 쭉 돌려." "누구는 지금 술이 마시고 싶어서 마시고 있는 줄 아냐?" 이러저런 등의 압력이 들어오는 데는 어쩔 도리가 없다. 술을 적게 마시려는 측도 상사가 안 볼 때에 술을 상 밑의 접시에 버리거나(잘못해서 발각되면 초상나는 날이지만), 소주 대신에 물을 잔에 채워 놓거나, 옆의 후배에게 다음에 갚으라면서 빌려주는 등의 악의 없는 전략을 구사한다.

'튀는 못이 한 대 더 얻어맞는다.'라는 어느 나라의 속담대로 말 한마디라도 덜하며 몸을 사리는 사원도 있고, 아예 술을 마시면 자 버리는 사원도 있다.

그런 사원들에게 있어 천적이 바로 '자기 술 자기가 마시기'이다. 이 종목은 누구는 술을 많이 마시는데 누구는 한 잔도 안 마신다고 불평을 하는 사람들을 위해서 만들어진 것 같다. 열 명이 술을 마시러 가면 처음부터 소주 열 병을 시켜서 한 명당 한 병씩 술병을 나누어 준다. 그리고 자기 술은 자기만 마시고 남들과 나누어 마시지 않는 것이다. 신입사원 때에는 이것도 재미가 있었다. 습관상 자기 술을 남에게 따르고 또 상대방도 습관상 잘못해서 그 잔을 받으면 잔을 주는 쪽에서는 한 잔을 공짜로 마신 꼴이 되었다. 처음에는 재미로 하다가 몇 번 그런 식으로 헷갈리면 중간에서 그만두기도 했는데, 한 부서에서는 아예 처음부터 가게 주인에게 매직펜을 부탁하여 병마다 자기 이름을 써 놓고 마시기도 했다. 이 종목에서는 술을 못 마시는 사원들도 꾀를 부리지 못하고 할당된 목표량을 고스란히 채워야 한다.

▌지방방송은 꺼라

술을 즐거워서 마시는지 마지못해서 마시는지는 술자리에서 사람들의 표정을 보면 알 수 있지만, 다른 방법은 술자리에서의 이야기를 누가 많이 하는가를 보면 알 수 있다. 사원들끼리 하는 술자리는 아무나 떠들고 일정 이상의 인원이 되면 자연스럽게 세 명씩, 네 명씩 한 주제를 놓고 끼리끼리 이야기하는, 소위 말하는 '지방방송' 국면으로 들어간다. 그러나 부장 이상이 주재하는 술자리는 모든 발언의 80% 이상이 부장을 중심으로 왔다 갔다 하며, 부장을 비롯해서 서너 명만 열심히 말할 뿐, 다른 사람들은 술잔만 앞에 놓고 가만히 있다가 부장이나 주위사람이 우스갯소리를 한마디 하면 같이 '와아' 하고 웃어 주는 경우가 많다. 지방방송이 발생해서 잠시 부장이 숨을 돌리면 어김없이 다음 서열의 과장이나 고참 대리가, '지방방송은 모두 꺼라.' 하고 말하는 것이다.

일본에 폭탄주 수출

몇 년 전에 주재원의 말을 들으니 일본 모 생보사에서 폭탄주가 유행하고 있다고 했다. 워낙 삼성생명 사람들과 술을 마시는 기회가 많다 보니 삼성생명의 주특기인 폭탄주가 그들에게 자연스럽게 전파되었던 것이다.

▎일본 사람이라도 열외는 없다

한번은 일본 모 생보사에서 강의를 해 주기 위해 임원 한 명과 과장 두 명이 온 적이 있었다. 첫 날은 저녁 식사를 하고 나서 간단한 술자리를 하고, 둘째 날은 오전에 사장에게 인사를 하고 오후에 강의를 하는 일정이 잡혔다. 첫날밤 손님들을 모신 곳은 강북의 'ㅇㅇ각'이라는 음식점이었는데, 삼성생명에서는 임원 한 명, 부장급 2명 정도와 내가 통역으로 참석했다. 일본측 손님들이 술을 많이 안 마시자 삼성생명 임원이 분위기를 잡기 위해서 거의 두 병 정도의 소주를 마셔 가면서 홍을 북돋웠다. 몇 번 술을 권해도 일본 측 과장이 술을 안 마시자 그쪽 임원이 술 좀 받아 마시라고 명령조로 한마디 했다. 그러자 그 회사도 군기가 센 탓인지 믿기 어려울 정도로 술을 받아 마시기 시작했다. 본래 술을 잘 하지 못하는 듯한 그들은 대충 소주 한 병

반 내지는 두 병 정도를 마셨다. 그리고 난 후 2차는 가라오케였는데, 나는 그 상황을 부장에게 인계하고 집으로 돌아왔다.

다음 날 아침에 예정대로 호텔에 회사 차를 보냈다. 보통은 내가 마중을 가지만 그날은 일본말이 안 되더라도 영어를 잘하는 사람을 대타로 보내고 나는 다른 준비를 하고 있었다. 그들이 도착해야 하는 시간쯤에 마중 나갔던 사원에게서 다급한 전화가 걸려 왔다. 일본 측 과장 중 한 명이 어제 마신 술을 못 이겨서 차 안에서 오바이트를 했다는 것이었다. 일단 사원을 시켜서 술 깨는 약을 사 오게 하고 회사 앞으로 내려가 그들이 도착하는 즉시 의무실로 데려갔다. 의무실에는 밀실이 하나 있어서, 전날 술을 너무 마셨거나 잠을 못 잔 사원이 잠시 누워 쉴 수 있었는데, 그곳으로 이 과장을 데리고 가서 쉬게 하였다. 우리는 모든 것이 우리의 잘못인 줄 알았지만 상황이 급하니 "XX 같은 놈, 술도 하나 제대로 못 마시나?" 하면서 오히려 그쪽을 탓했다.

그러나 걱정은 그때부터 시작되었다. 오전 중에 사장에게 인사를 하러 들어가야 하는데 사장이 한 명은 왜 안 보이느냐고 물으면 대답이 궁색할 것이기 때문이었다. 그래도 어찌어찌하여 사장 인사 시에는 큰일 없이 지나가서 한숨을 돌렸는데, 오후에 강의 시간이 다가오자 강의가 예정대로 진행될지에 대해서 걱정이 되기 시작했다.

오후가 되자 일본 과장은 괜찮아졌다고 했고, 강의장에 들어서서는 어제 술을 많이 마셔서 아침에 혼났다는 농담투의 인사말로 강의를 시작했다. 강의는 쉬는 시간을 포함해서 약 3시간 정도 진행되었다. 강의는 제대로 잘하는 것 같았다. 그리고 무사히 하루의 일정이 끝났다. 행사는 무난히 끝이 났지만 나는 그날의 일은 깊이 반성해야 하고, 또 손님에게 해서는 안 되는

삼성인 샐러리맨
삼성문화 대기업문화

접대라고 생각했다. 왜냐하면 술이 약한 나로서는 오바이트를 할 때면 너무 괴로워서 술을 강제로 먹게 한 사람을 죽도록 원망한다는 사실을 잘 알고 있기 때문이다. 술을 마시면 왕창 취해서 서로의 감정이 뒤범벅이 되고 나야 친해진다고 믿는 우리나라의 술문화가 국제적으로도 통할지 의문스럽다.

▌ 일본에 폭탄주 수출

몇 년 전에 주재원의 말을 들으니 일본 모 생보사에서 폭탄주가 유행하고 있다고 했다. 워낙 삼성생명 사람들과 술을 마시는 기회가 많다 보니 삼성생명의 주특기인 폭탄주가 그들에게 자연스럽게 전파되었던 것이다. 일본 사람들과의 회식 도중에 일본인 한 명이 나에게 한국에 폭탄주가 유명하다던데 그것이 무엇이냐고 묻기에 잠시 어떻게 설명해 줄까 하고 속으로 망설였다. 그때 옆에 있던 일본 사람이 나 대신에 말을 낚아채서 나보다 설명을 더 잘해 주었다.

"폭탄주는 큰 글라스에 맥주를 따르고 그 안에 양주를 따른 작은 잔을 넣어 만드는데, 술이 짬뽕이 되니까 그냥 먹는 것보다 더 쉽게 취한다. 그 안에 있는 양주잔이 폭탄의 뇌관 역할을 하기 때문에 '뇌관'이라고 부른다. 군대에서 술이 부족할 때 조금 마시고 빨리 취하기 위하여 만든 것으로 군사 문화의 일부라고도 한다. 어떤 사람은 그것이 일본 문화에서 왔다고도 한다. 삼성생명 사람들은 회식할 때에 폭탄주를 돌리지 않는 경우가 거의 없다. 지금은 우리 회사 사람들도 폭탄주를 많이 돌리고 있다." 주위들은 이야기를 이렇듯 구구절절 늘어놓았었는데, 사실 나도 그때까지 폭탄주에 대해서 깊게 생각해 본 적이 없었다. 한동안 놀라서 입만 벌리고 있었다.

신입사원 환영 회식

내 왼편의 과장이 앞에 있던 소주잔을 비우더니 그 왼편의 사원에게 건네고, 그 사원은 본래의 자기 잔과 건네받은 잔을 합해서 두 잔을 비운 뒤에 또 그 왼쪽에 앉은 대리에게 주었다. 그 순간 알딸딸한 술기운은 있었지만 나까지 돌아오면 술잔이 열 잔이 된다는 것쯤은 알 수 있었다.

▌현재 부서 우선주의

영업소 총무생활이 5개월쯤 되던 어느 날, 여사원과 영수증 정리를 하고 있는데 소장이 다가와서, "장 총무, 너 본사로 발령 났다. 조금 키워 놓으면 다 도망가 버리는구나."라고 말했다. 이별을 아쉬워하는 소장과 여사원, 그리고 지구장들에게 일단 본사로 들어가 인사를 한 후에 다시 돌아와서 저녁을 함께하자고 약속을 했다

오후에 본사로 들어와서 임원과 부장, 과장, 그리고 선배 사원들에게 인사를 하고 잠깐 책상 앞에 앉았는데 숨이 막힐 지경이었다. 사무실은 쥐 죽은 듯이 조용해서 숨 쉬는 소리마저 들릴 것 같았다.

한참 후 주무대리가 와서 오늘 환영회를 해 줄 테니 오후에 약속이 있으면 미리 취소하라고 했다. 영업소 소장과 저녁 약속이 있다고 하니 우선 순

서가 옛날 부서가 아닌 새로운 부서라고 가르쳐 주었다. 당시로서는 분명히 소장과의 약속이 먼저이고 또 지금 부서원은 내일이고 모레이고 언제든지 술 마실 기회가 있는데 소장과의 약속을 취소하라고 하니 섭섭했다. 지금 생각하면 새로운 부서에서의 우선권이 당연하고, 오히려 신입사원이 왔다고 당일에 즉각 부장까지 시간을 내어서 환영회를 해 주는 것이 고마울 따름이다.

▌ 기차타기에다가 파도타기까지

저녁 8시경에 술을 마시러 간 곳은 가까운 중국집이었고 메뉴는 풀코스였다. 자취를 하고 있던 나에게는 위장이 놀랄 정도로 맛있는 요리가 나왔지만 처음 맞는 신입사원 환영 회식이라 조심하면서 선배들이 따라 주는 술을 정중히 받았다.

한참 마시다가 주무대리가 나의 주량이 얼마냐고 물었고, 나는 한 병 정도는 마신다고 했다. 그러자 그는, "일전에 하나도 못 마신다고 하던 모 사원이 몇 병 마시던데, 한 병 마신다고 하는 것을 보니 서너 병은 마시겠네." 하면서 놀리기에 정말 주량이 한 병인 나도, "기분이 좋을 때에는 많이도 마십니다."라고 말해 버렸다. 잠시 후 내 왼편에 앉아 있던 과장이, "우리 오랜만에 '기차타기'나 한번 해 볼까?" 하고 제의하니 모두들 좋다고 하였다. '파도타기'는 많이 들어 봤지만 기차타기는 금시초문이었다. 내 왼편의 과장이 앞에 있던 소주잔을 비우더니 그 왼편의 사원에게 건네고, 그 사원은 본래의 자기 잔과 건네받은 잔을 합해서 두 잔을 비운 뒤에 또 그 왼쪽에 앉은 대리에게 주었다. 그 순간 알딸딸한 술기운은 있었지만 나까지 돌아오면 술잔이 열 잔이 된다는 것쯤은 알 수 있었다. 넉 잔, 다섯 잔까지 진행될 때만 해도 중간쯤에서 그만두겠지 하는 기대도 있었지만 가운데 앉았던 부장이 여섯 잔을 마시자 장난이 아닌 것을 알았다. 그리고 내 바로 오른쪽에 앉았던 주무대리 다음 서열의 대리가 아홉 잔을 마시기까지 단 한 사람의 낙오자도 없었고 꾀를 부리거나 자세가 흐트러지는 사람은 아무도 없었다. 앞에 잔 열 개를 놓고 심호흡을 했다. 다섯 잔째를 마시고 나니 도저히 못 마실 것 같았다. 그러자 나머지 다섯 잔은 글라스에 따라서 한꺼번에 마셔도 된다는 허락을 해 주었고, 글라스로 쭈욱 마시면서 기차타기를 마쳤다.

분명 나로서는 치사량의 소주를 마셨지만 신입사원 신고식인지라 긴장이 되어 정신을 똑바로 차리고 앉았다. 그 다음은 파도타기 차례가 기다리고 있었는데 이왕 술이 들어가고 나니 낱잔으로 도는 파도타기 정도는 아무렇지도 않았다. 서너 차례의 파도타기는 아주 쉽게 넘어갔다.

▌ 이웃 부서원에게 허점을 보이지 마라

중국집을 나와서 이제 집에 어떻게 찾아가나 하며 마음속으로 걱정을 하고 있는데, 과장이 입가심으로 맥주나 한잔 하자고 했다. 부장만 먼저 바래다 드리고 우리는 또다시 맥주집으로 들어갔다. 들어가서 막 자리를 잡으려는데 이웃 부서 부서원 하나가 인사를 하더니 우리 부서와 합석을 하자고 제의했다. 안쪽으로 이동 중에 주무대리가 와서 다른 부서원들과 술을 마실 때에 자세나 말이 흐트러지면 부서의 망신이니 주의하라고 귀띔을 해 주었다. 내가 취한 것을 알고 우리 부서원들은 더 이상 나에게 술을 권하지 않았지만 다른 부서의 과장과 사원들이 인사상 주는 술이 맥주 두세 병은 넘었다. 그래도 정신력으로 버틴 나는 끝까지 잘 받아먹은 것으로 기억된다. 맥주집을 나서서 과장과 유일한 기혼자인 주무대리가 먼저 집으로 돌아갔다. 나는 선배들의 부축을 받고 겨우 택시에 탔는데 속이 안 좋아서 어디로 가든지 가까운 데로만 가기를 바랐다. 그러나 택시는 강남까지 가는 것이 아닌가? 부축을 받고 방까지 들어와서는 나는 자리에 쓰러졌고 다른 사람들은 둘러앉아 고스톱을 쳤다. 조금 있다가 속이 너무 거북스러워 화장실로 달려가 변기를 붙들고 토하기 시작했다. 서너 번 토하고 좀 쉬었다가 다시 토하기를 몇 차례 거듭하고 나서야 겨우 눈을 붙일 수 있었다.

▌술 먹은 다음 날은 더 열심히

한 명, 한 명 샤워하는 소리에 잠이 깨었고, 출근할 생각을 하면 앞이 깜깜했지만 주섬주섬 옷을 챙겨 입고 좌석버스를 타고 회사 근처로 왔다. 다행히 시간이 일러서 차가 막히지는 않았다. 회사 앞에서 선배들은 "술 마시고 나서는 콩나물국밥이 최고지." 하면서 나를 콩나물 국밥집으로 데리고 갔고, 속이 안 좋아도 콩나물국밥만 먹고 나면 확 풀릴 것이라고 말했다. 이윽고 뜨거운 콩나물국밥이 나오자 모두들 땀까지 흘려 가면서 맛있게 먹기 시작했다. 입맛은 없었지만 '긴 하루를 버티기 위해서는 먹어 둬야지.' 하면서 첫술을 뜨는 순간, 나는 그 집 화장실로 달려가야 했다. 한참을 토하고 난 후 선배들과 사무실로 들어와서는 맨 먼저 부장에게 인사를 하고, 다음으로 과장에게 인사를 한 후 자리에 앉아서 조회 방송으로 시작되는 하루를 맞았다.

지금 같으면 아무리 기강이 센 부서라도 잠깐 밖에 나가서 쉬라고 말을 해 주겠지만 그 시절에는 그렇지 않았다. 그날 하루 종일 거의 자리를 뜨지 않고 부동자세를 취했다. 다른 선배들도 하나도 피곤하지 않은 듯 열심히 일만 했다.

술과의 전쟁

누구든지 이른 아침, 화장실 안에서 아무도 모르게 문을 잠그고 괴롭게 왝왝거리는 소리를 들어 본 적이 있을 것이다. 남에게 가장 보이기 싫은 모습이 바로 토하는 모습, 그것도 밤이 아닌 아침에 토하는 모습이 아닐까.

▌차라리 일이 늦게 끝났으면

신입사원 시절, 그때는 일도 많았던 시절이었다. 아침 8시 이전에 출근하여 항상 밤 9시, 10시까지 일하던 시절이었으니 일을 빨리 마치는 날은 얼마나 신이 났었겠는가? 하지만 술을 잘 못 마시는 나는 오히려 일이 늦게, 너무 늦게는 말고 9시 정도에 마치기를 바랐다. 왜냐하면 일주일에 서너 번은 일이 10시 가까이 되어서야 끝났는데 두 번 정도 8시쯤에 마치면 어김없이 상사가 "그동안 일하느라고 수고가 많았으니 오늘은 일찍 챙기고 나가서 술 한잔 하자."라고 하는 것이었다. 일은 끝이 없었지만 술을 마시러 가기 위해서 그런 날은 특별히 8시에 나갈 수 있도록 배려해 주는 것이었다.

일주일에 평균 두세 번 정도는 술을 마셔야 했는데, 주위 사람들이 일부러 많이 먹이지는 않았지만 한 달에 한 번 정도는 상사가 일부러 많이 마시

게 하든지, 타 부서와 함께 마시면서 기 싸움을 하든지, 부장이 참석한다든
지 하는 날이 있었고, 그런 날에는 주량을 초과할 수밖에 없었다. 그 후유증
도 만만치 않았다.

▌ 소주 한 병 반을 30분 만에

술을 마시고 괴로워했던 많은 기억 중에서도 회사에 출근하여 사무실 내
에서 오바이트를 한 날은 잊지 못한다. 전날 과장이 늦게까지 남은 사원 세
명 정도를 데리고 술을 마시러 갔다. 시간이 늦었던 관계로 '오늘은 술을 빨
리 마시고 돌아가자.'라는 과장의 말에 약 30분 만에 내가 한 병 정도, 다른
사람들은 한 병 반 정도 마셨다. 빈 속에 급히 마셔서인지 화장실에 소변보
러 가서는 오바이트를 해 버렸다. 자연 그 술자리는 나 때문에 막장이 되었
고 선배 한 명이 나를 부축해서 나왔다. 당시에 자취를 하던 내가 제대로 걷
지도 못하자 선배는 나를 회사에서 가까운 안마시술소로 데리고 갔는데, 가
는 도중에도 몇 번이나 쓰러졌다. 나를 방 안에 놔두고 선배는 돌아갔는데,
아침에는 어젯밤에 선배가 나를 몇 시에 깨우라고 부탁을 해 놓았는지 주인
아줌마가 깨워 주었다. 정신을 차리려고 다른 층에 있는 목욕탕에 갔는데,
거기서도 샤워는커녕 오바이트만 하다가 돌아왔다. 건더기는 어젯밤에 다
토하고 나오는 것은 푸르스름한 액체밖에 없었다. 남자들이라면 더 이상 설
명하지 않아도 가히 상상이 가리라고 믿는다.

█ 사무실에서의 오바이트

　겨우 시간에 맞추어서 사무실로 들어왔으나 정신이 있을 리가 만무했다. 안경도 어디에 흘렸는지 찾지 못해서 모든 것이 흐릿하게 보이는 가운데 조회 방송 동안 내내 몽롱해 있었다. 그것이 과장 눈에는 아주 한심하게 보였던지 조회 방송이 끝나자 무섭게 나를 불러서 옆자리에 앉도록 했다. 과장의 이야기는 다른 것이 아니었다.

　아무리 술을 많이 마셨더라도 정신을 바짝 차려야지 그렇게 표시를 내면 되겠느냐는 것이었는데, 약 5분 정도 훈계를 듣고 있었는데 갑자기 위로 막 올라오는 것이 아닌가! 일단 손수건으로 입을 틀어막으면서 '과장님, 죄송합니다.'라는 말을 남기고 뛰기 시작했다. 복도로 나가는 지름길인 자료실의 책상 옆에다 찔끔 흘렸다. 계속 뛰었는데 비상계단 엘리베이터 옆에다 조금, 2층 화장실에 도착해서는 많이 토했다.

　누구든지 이른 아침, 화장실 안에서 아무도 모르게 문을 잠그고 괴롭게 왝왝거리는 소리를 들어 본 적이 있을 것이다. 남에게 가장 보이기 싫은 모습이 바로 토하는 모습, 그것도 밤이 아닌 아침에 토하는 모습이 아닐까.

█ 회사에 출근만 해 달라

　술을 마시고 난 다음 날 아침, 몸이 안 좋아서 휴가를 내거나 지각을 하는 사원이 종종 있는데, 옛날에는 하루 쉬는 것은 꿈에도 생각할 수 없는 일이었다. 내가 처음이자 마지막으로 지각을 한 날이었다. 아침에 일어나려고 몸을 일으키려 해도 말을 듣지 않았다. 조금 누워 있는다는 것이 깜빡 잠이 들었고, 이내 선배들이 걱정되었는지 전화를 했다.

그러고는 다시 집에 돌아가도 좋으니 일단 회사에 와서 인사는 하고 나서 가라는 것이었다. 일단 출근만 하면 정신이 돌아오는 법인지라 회사에 나갔다가 다시 돌아오는 경우란 없었다. 나는 이런 전화를 딱 한 번 받았는데 이런 전화를 한 적은 수십 번이다. "몸이 안 좋을 정도로 술을 주지를 말든지, 그만큼 술을 주었으면 다음 날은 마음 편하게 쉴 수 있게 하든지 해야 할 것이 아닌가."

다들 말은 그렇게 하면서도 술 마시고 다음 날 회사에 나오지 않는 사람은 보지 못했다. 적어도 옛날에는 그랬었다는 이야기이다.

그 이유는 아주 간단하다. 술을 많이 마시고 아침에 제시간에 못 나오면 상사에게 있어서 치명적이지만, 늦게라도 나오면 오히려 제시간에 맞추어 나온 사원보다 더 고마운 것이다.

일본에서 겪었던 일들 1

역시 일본은 신고체계가 잘되어 있었고 시민의 안전을 위한 시스템과 봉사정신도 완벽했다. 경찰 세 사람이 나를 부축하면서 백차를 타고 경찰서로 가자고 했다. 사태가 이렇게 되자 나도 아까보다는 위기의식을 느꼈는지 취한 중에서도 최대한의 예의를 갖추며 신발과 윗도리를 추슬렀다.

▌ 사장과 파도타기

일본에서 지역 전문가로 연수를 받던 중에 일본의 모 회사와 삼성생명 간에 사장을 비롯한 경영진끼리 만나는 회의가 있었다. 사장을 비롯해서 몇 명의 경영진이 일본을 방문했는데, 일정을 모두 끝낸 시점에서 동경 사무소 주재원과 지역 전 문가를 위로해 준다는 취지로 사장이 술자리를 마련하였다. 오사카에 있던 지역 전문가까지 합해서 지역 전문가, 주재원, 본사에서 온 경영진 등 총 15명가량이 모였다.

경영진과는 멀리 떨어져 앉았지만 내 앞에 동경 사무소 부장급 주재원들이 앉은 가운데 처음부터 양주로 술잔이 오갔다. 술잔이 왔다 갔다 하는 사이에 술이 약한 나는 벌써 취해 있었다. 다른 지역 전문가와 주재원들은 양주잔에 오차물 같은 일본의 '우롱차'를 타거나 잔을 옆에 조금 따라 버리는 요령도 피웠지만, 나는 차마 부장급 주재원 앞에서 그러지는 못하고 주는 대로 받아 마셨다. 사장도 큰 소리로, "어이, 이 전무, 우롱차 타서 마시면 벌주로 더블 준다."라고 말하는 등 분위기는 무르익어 갔다.

모두들 어느 정도 취하자 아니나 다를까 예상대로 사장이 파도타기를 하자고 제안했다. 자리 배치가 두 줄로 되어 있었다면 사장 측 한 줄이 한편으로, 전무 측 한 줄이 한편으로 갈렸다. 글라스에 양주를 가득 따라서 한 명이 잔을 비우고 머리 위에 다 터는 순간 옆에 있는 자기 편 사람이 잔을 마시기 시작하여 어느 편이 먼저 마지막 한 명까지 마시는가 하는 시합이었다. '시작'이라는 말과 함께 잔이 돌기 시작했고, 사장 앞에서의 술 시합은 말 그대로 질서정연, 과감하고 신속하게 돌았는데 결과는 전무 측인 우리 편이 지고 말았다. 그러자 사장은, "자, 진 편은 벌주로 글라스로 양주 한 잔씩 더 마셔라."라고 했고 우리 편은 한 잔씩 더 마셔야 했다. 그리고 난 뒤 전무가 갑자기, "야, 저기 저 지역 전문가 때문에 우리가 졌네. 저 사원에게 벌주로 한 잔 더 마시도록 해라." 하면서 나를 가리켰다. 나는 졸지에 양주 석 잔을 글라스로 마시게 되었지만 사장 앞에서 마시는 양주는 긴장 탓인지 잘도 넘어갔다.

▌일본에서도 백차는 무서웠다

그 후로 또다시 아기자기하게 술잔이 돌았는데, 나는 어느 순간 급하게 화장실을 찾아야 했다. 나보다 먼저 지역 전문가 한 명이 토하고 있었는데, 나도 한참을 그렇게 변기통을 쥐고 있다가 화장실 안에 주저앉고 말았다. 한

참 뒤 주위가 조용해진 것 같아서 나와 보니 술자리는 벌써 끝이 났고 주위에는 아무도 없었다. 나는 일단 찻길로 나왔지만 너무 취해서 택시를 탈 용기가 나지 않았다. 차도 옆의 화단에 잠시 앉았는가 싶었는데 이내 그 자리에서 쓰러지고 말았다.

그때 지역 전문가 한 명이 나를 찾아와서 부축하여 자기 집에 가서 함께 자자고 했다. 통 일어날 수가 없었고 특히 속이 안 좋아서 택시를 탄다는 것이 죽기보다 싫었던지라 혼자 먼저 들어가라는 소리만 질러댔다. 그 지역 전문가 동료도 정이 많아서 쉽게 포기하지 않았는데, 30분이 지나도 끄떡도 하지 않자 그가 내 귀를 잡아당기기 시작했다. 귀가 너무 아파서 그에게 화를 막 내었더니 그도 포기한 듯 집으로 돌아갔다.

여름날 밤, 차도 옆에 누워 있으니 시원해서 좋기는 했지만 옆으로 버스에다가 트럭이 굉음을 내며 쌩쌩 달리는 소리를 들으니 불안한 마음도 들었다. 자전거를 타고 가던 사람들은 나를 보고는 기겁을 하고 빙 둘러서 지나갔다. 그때 나는 윗도리와 신발이 여기저기 날아가 있는 상태로 누워 있었던 것이다.

조금 있으니까 아까 그 자전거 탄 사람이 신고를 했는지 경찰관 한 명이 와서 나에게 얼마만큼 취했는지, 병원에 가야 하는지, 혼자 갈 수 있는지 등 여러 가지를 귀찮게 물어댔다. 처음에는 괜찮다고 몇 번 말했지만 나중에는 경찰관에게도 화를 내고 빨리 꺼지라고 고함쳤다. 그도 포기한 듯 가 버렸다. 잠시 경찰을 물리친 기분을 만끽하고 있는데 사이렌 소리가 들려왔다. 역시 일본은 신고체계가 잘되어 있었고 시민의 안전을 위한 시스템과 봉사 정신도 완벽했다. 경찰 세 사람이 나를 부축하면서 백차를 타고 경찰서로 가자고 했다. 사태가 이렇게 되자 나도 아까보다는 위기의식을 느꼈는지 취한 중에서 도 최대한의 예의를 갖추며 신발과 윗도리를 추슬렀다. 아주 공손하게 나는 괜찮으며 지금부터는 거리에 눕지 않겠다고 약속을 하고는 거의 뛰다시피 그 자리를 빠져나왔다.

▌차 밑에 누울 때는 뒤쪽이 안전하다

그러나 그때에도 택시를 타는 것은 도저히 마음이 내키지 않아서 약 5분간 걷다가 어느 집 주차장에 들어가서 지프차 뒤에 누웠다. 차 밑은 조용하고 다른 사람의 눈에 띄지 않아서 좋을 듯했다. 하지만 차가 발진할 때는 위험하니까 차 앞쪽이 아니고 뒤쪽에 누웠다.

날이 환하게 밝는 것을 보고 집으로 돌아오기 위해 전철을 탔다. 집으로 돌아오니 정말로 기뻤고 그대로 이틀 정도는 자고 싶다는 기분에 씻지도 않은 채 침대에 몸을 던졌다. 그러나 웬걸, 두 시간도 채 못 잤는데 지역 전문가 한 명이 전화를 걸어 와 잠을 깨웠다. 그러고는 무슨 그리 중요한 일이라고 나에게 하는 말이, "야, 너 혹시 내 구두 바꿔 신고 가지 않았냐?" 하는 것이었다. 아니라고 말하고 다시 잤는데, 오후에 일어나서 구두를 보니 내 구두가 아닌 남의 구두였다. 나는 "짜식, 자기가 먼저 나갔으니 자기가 내 구두 신고 갔구먼!" 하고 한바탕 껄껄 웃었다.

일본에서 겪었던 일들 2

한참을 자다가 조금 춥다는 느낌으로 눈을 뜨는 순간 본능적으로 위험을 직감했다. 부르릉 하는 소리와 함께 차가 출발하려고 하는 것이 아닌가! 정신을 번쩍 차리고 보니 차가 출발하면 바로 나의 다리부터 머리까지 절반되는 부분을 길게 치고 지나가는 그런 위치에 내 몸이 놓여 있었다.

▎폭탄주 두 잔

일본의 모 생명회사와 투자에 대한 의견 교환을 하기 위해 출장을 간 일이 있었다. 삼성생명에서는 주식 담당 이사를 비롯해서 5~6명에다가 내가 통역으로 참석했다. 1박 2일 일정의 행사가 끝났고 마지막 날 밤은 회식이 마련되어 있었다. 저녁에 샤브샤브 요리를 먹었는데, 자연스럽게 한잔을 곁들인 후 자리를 옮겨서 2차를 갔다. 2차에서도 인사치레로 여기저기 돌면서 술을 받아먹고 내 주량에 딱 맞다 싶을 정도로 취하였다.

그런데 일본 사람들과 헤어지고 난 후 본사에서 간 이사가 일본 주재원들의 지원에 감사 표시를 하기 위하여 술을 산다고 하였고, 우리는 시내의 한국 사람이 경영하는 주재원들의 단골 술집으로 갔다. 내가 급호상으로 제일 막내였기 때문에 주재원들이나 본사 부·과장들이 주는 술을 열심히 받아

마셨다.

'더 이상 마시면 안 되는데.' 하는 수준까지 왔을 때에 이사가 항상 하던 대로 폭탄주를 돌리기 시작했다. 폭탄주 한 잔까지는 예상했던 일이었지만 다 돌고 나니 또 한 번 폭탄주를 돌렸다. 그리고 주재원들도 나에게 술을 주고 나서 내가 조금 마신 후 잔을 놓으면 꼭 그 잔을 다 비우는 것을 확인하는 바람에 몸을 가눌 수가 없었다.

▌아무에게도 말하지 못한 사연

일단 밖으로 나가서 공터를 발견하고 거기에다가 토하고 돌아왔는데, 그제야 주재원과 본사 과장급 선배들은, "술을 준다고 그렇게 다 받아먹으면 어떻게 해?"라고 하면서 위로해 주었다. 도저히 못 견디어 밖으로 뛰어나 왔는데, 술이 깨어야 한다는 마음에서 무작정 걷기 시작했다. 어지럽고, 앉아서 토할 때마다 약 2년 전의 사장과의 회식 후 길거리에 나자빠질 때의 기억이 떠올랐다. 그리고 이번에는 그때처럼 길거리에 쓰러지면 안 된다는 생각에서 절대로 길거리에 앉지 않았고 무작정 걷기만 했다.

앉고 싶고 눕고 싶은 가운데 몇 번을 쓰러졌는지 모른다. 아무리 결심을 굳게 해도 한 시간 이상을 걷고 나니 피곤해서 누울 수밖에 없었다. 제 버릇 남 못 준다고 이번에도 차 밑에 누워서 자려고 차를 찾았는데, 마침내 약간 으슥한 주택가에 주차해 둔 15인승 정도 되는 승합차를 발견하고 그 측면 밑에 몸을 눕혔다. 한참을 자다가 조금 춥다는 느낌으로 눈을 뜨는 순간 본능적으로 위험을 직감했다. 부르릉 하는 소리와 함께 차가 출발하려고 하는 것이 아닌가! 정신을 번쩍 차리고 보니 차가 출발하면 바로 나의 다리부터 머리까지 절반되는 부분을 길게 치고 지나가는 그런 위치에 내 몸이 놓여 있었다. "어어어!" 하고 큰소리를 내지르자 운전석 옆에 앉아 있던 여자가 놀라서 비명을 질렀고, 운전하던 남자가 뛰어나왔다. 그 사람이 나에게 마구 화를 냈는데 내가 생각해도 크게 잘못했다 싶어서 미안하다고 말하고 그 자리를 벗어났다. '술 먹다가 이렇게 죽는 수도 있구나!' 하면서 좋은 경험을 했다고 취한 중에도 중얼거렸다. 다시 술을 깨기 위해서 한 시간쯤 걷다가 이 정도면 더 이상 토하지는 않겠다 싶을 정도로 술이 깨었을 때에 택시를 타고 호텔로 돌아왔다. 다음 날 아침에 일어나 보니 내 양복은 흙으로 뒤범벅이었고 다른 과장들이 무슨 일이 있었느냐고 물었지만 그냥 술이 취해서 밤새 걷다가 들어왔다고만 대답했다.

술이 부른 크고 작은 사고들

무슨 사고를 어떻게 당해도 먹고 싶은 술을 마시다가 당하면 억울하지는 않지만, 억지로 끌려가서 먹고 싶지 않은 술을 마시다가 일을 당하면 정말로 억울하다고들 한다.

▌술은 사고를 부른다

이웃 부서와 축구 시합을 하고 회식을 한 적이 있었다. 양측 이사가 축구 경기에 참가했고, 사투 끝에 0대 0 무승부로 끝이 나서 승자도 패자도 없는 가운데 두 부서원이 어울려 갈비집에서 소주를 마셨다. 과장 한 명이 많이 취했고, 마지막에 인사를 하고 헤어지는 순간에 누군가가 놓아 둔 가방에 발이 걸려서 앞으로 넘어졌다. 잠시 후 괜찮다고 하면서 일어났지만 얼굴에서 피가 흐르기 시작했다. 세 명이 그를 부축하여 가까운 병원을 찾았는데, 응급실이 닫혀 있어서 고속버스 터미널 근처에 있는 큰 병원까지 가야만 했다. 접수를 하고 과장 집으로 연락을 한 후에 다른 사람들은 집이 멀어서 나만 남고 다 돌아갔다. 의사가 바빠서 그런지 빨리 못 내려 왔는데, 밖에서 기다리라는 병원 측의 말이 있었지만 내가 우겨서 먼저 응급실로 들어갔다. 기다리는 동안 우연의 일치인지 술 때문에 들어온 환자를 세 명이나 보게 되었다. 한 명은 친구들과 술을 마시다가 시비가 붙는 바람에 병으로 뒤통수를 얻어맞고 피를 많이 흘리면서 들어왔는데, 의사가 내일 정밀 진단을 받기 전에는 그 부위에 대한 수술을 해 줄 수 없다고 하며 돌려보냈다. 또 다른 한 명은 정신을 잃은 채 실려서 들어왔는데, 온몸에 문신이 있었으며, 양 팔목을 칼로 그었는지 붕대로 감고 있었고 배에도 찢어진 자국이 있었다. 의사가 팔목에 알코올을 부어 소독하는 동안 그 사람은 잠에서 깨어나 막무가내로 집으로 돌아가겠다고 했다. 밖에서 그 사람을 어떻게 처리할 것인지 경찰과 의사가 상의도 하는 듯하더니, 하여튼 응급실 밖으로 나갔다. 그리고 세 번째에도 누가 술을 마시고 사고가 나서 왔었는데 잘 기억은 나지 않는다.

▌ 술이 부른 크고 작은 사고들

화주(火酒)라는 것이 있다. 고량주를 잔에 따른 후 라이터를 가져다 대면 불이 붙는데, 이를 그대로 마시는 것이다. 이 잔을 마시려면 입속에 불이랑 술을 함께 털어 넣어야 한다. 사원 한 명이 이 술을 천천히 마시다가 입술이 홀랑 벗겨졌었다.

술을 마시고 귀가하던 중 누군가 다가오길래 저항하려고 했지만 역부족, 구타당한 후 지갑을 빼앗긴 경우도 있었다. 삐끼를 따라가서 술을 마시고는 지갑이랑 신용카드를 송두리째 빼앗긴 후 집으로 돌아왔으나 그 술집이 어딘지 찾지 못하는 경우도 남의 일이 아니라 바로 우리 주위의 사람들이 당하는 이야기이다.

　무슨 사고를 어떻게 당해도 먹고 싶은 술을 마시다가 당하면 억울하지는 않지만, 억지로 끌려가서 먹고 싶지 않은 술을 마시다가 일을 당하면 정말로 억울하다고들 한다.

말 따로 행동 따로

술을 권할 때에는 무리하게 권하지 않아야 합니다. 상대방이 어느 정도 술을 마셨다고 생각되면 반드시 '한 잔 더 드시겠습니까?'라고 가볍게 물어보고 권하는 것이 좋습니다. 술이란 적당히 마시면 보약이 되지만 지나치면 독약이 됩니다.

삼성에 입사하면 술에 대해서 다음과 같이 가르친다.

• 회사에 근무하다 보면 공식적인 모임뿐 아니라 퇴근 후 간단한 한잔에 이르기까지 술과 접할 기회가 아주 많습니다. 선배나 동료가 술자리를 같이 하자고 권유하는 경우, 본인의 개인적인 사유를 들어 적당하게 거절하게 되는 경우가 있습니다. 그러나 주석의 교제도 대인 관계에 있어서 필요하다고 볼 때, 적어도 세 번에 한 번쯤은 "감사합니다." 하고 응낙하는 것이 좋습니다.

• 술을 권할 때에는 무리하게 권하지 말아야 합니다. 상대방이 어느 정도 술을 마셨다고 생각되면 반드시 "한 잔 더 드시겠습니까?"라고 가볍게 물어보고 권하는 것이 좋습니다. 자신이 술을 계속 받아드는 것이 부담

이 될 경우 적절히 사양을 해도 괜찮습니다.

• 술자리에서는 회사의 경영 방침이나 인물에 대한 비판은 하지 않는 것
  이 좋으며, 회사나 상사에 대한 험담도 하지 않는 것이 좋습니다.

• 술을 마신 다음 날에는 일찍 출근하는 것이 좋습니다.

• 술이란 적당히 마시면 보약이 되지만 지나치면 독약이 됩니다.

회장

'이건희 에세이'는 기업인의 모범답안

책에 나온 그대로의 생각을 가지고 책 내용의 반의 반만 실천을 해도 전 세계 어느 기업에 못지않은 경쟁력을 가질 수 있으며, 그 조직은 살아서 숨 쉬는 건강한 조직이 될 것이고, 국민과 국가 경제에 밑거름이 되는 기업이 될 것이라고 믿는다.

▌1승 1패

삼성과 삼성인을 제대로 이해하려면 먼저 그룹 총수인 이건희 회장의 사상과 신념 등에 대해서 어느 정도는 알아야 된다고 생각한다. 삼성의 현재 모습은 어떠하며 삼성이 가고자 하는 방향은 어디인지, 또 삼성이 잘못되어 가고 있는 점은 무엇이며 고쳐야 할 점은 어떤 것인지를 판단하는 데 있어서 절대적인 기준이 되는 것이 바로 회장의 가치관인 것이다.

이건희 회장의 인기는 약 5년여 전에 신경영을 선포하면서 '마누라와 자식만 빼놓고 다 바꾸어 보자.'라고 하며 변화를 진두지휘했을 때보다는 그룹 내에서나 국민 전체적으로 볼 때에 떨어진 듯하다. 그때는 소위 '이건희 신드롬'까지 유행했지만 지금은 IMF 하에서 회장의 위상과 입지가 많이 변해 버렸다는 느낌이다.

그런데 기업을 경영하다 보면 다 잘할 수는 없는 법이다. 비록 삼성 자동차가 현재로서는 고전하고 있지만, 그것은 1997년 말의 환란을 예측하지 못한 다른 경영자들도, 정부도, 학자들도 마찬가지인 만큼 개인의 경영능력과 결부시켜 모든 것을 판단하는 것은 곤란하다고 본다.

이건희 회장은 지금으로부터 26년 전인 1974년에 한국반도체가 파산했을 때에 '향후에는 첨단산업만이 고부가가치를 올릴 것이다.'라는 판단으로 인수했으며, 거의 20년 동안 많은 투자와 노력을 아끼지 않은 끝에 1993년에는 삼성전자 반도체를 세계 정상까지 올려놓았다. 우리나라의 국부(國富)에 지대한 보탬을 주었음은 물론이고, 우리 민족의 우수성을 세계에 널리 알린 엄청난 일을 한 것은 누구나 인정해야 한다고 본다.

이렇게 볼 때에 이건희 회장은 아직 1승 1패의 전적을 기록하고 있다고 보면 되고, 앞으로 또 다른 승수를 쌓을 기회가 있다고 본다. '이건희 신드롬'에서처럼 너무 미화해서도 안 되고, 재벌은 무조건 나쁘다는 편협한 논리로 부당한 평가를 해서도 안 된다고 본다. 또 다른 한 편의 신화를 만들 수 있도록 기회와 시간이 주어져야 한다고 생각한다.

▌'이건희 에세이'

1997년 말에 회사로부터 '이건희 에세이'라는 타이틀의 책을 받았다. 시중 서점에서도 판매되는데, 삼성 직원 전원에게 한 부씩 배포된 것으로 안다. 일반적으로 회사에서 주는 책들은 재미가 없고 교육적인 내용이 많은 관계로 책을 나눠 주어도 잘 읽지 않는 경향이 있다. 거기에 비하면 나는 그런 책들도 눈여겨보는 편인데 이 책은 한눈에 보아도 좋은 내용임을 알 수 있었다. 책의 진가는 이건희 회장의 생각 그 자체보다는 기업인으로서 평생 모으려고 애써도 모을 수 없는 지혜와 경험들을 총망라해 놓았다는 점이다. 나는 이 책을 받고 거의 하루 만에 다 읽었다. 그리고 그 자리에서 한집에 살고 있는 처남에게 주면서 꼭 읽어 보라고 했다. 처남도 책의 절반 정도는 읽었다고 한다. 그만큼 나는 재작년 말까지만 해도 이건희 회장의 '팬'이기도 했던 것이다. 나는 이 책을 '기업인의 모범답안'이라고 부르고 싶다. 책에 나온 그대로의 생각을 가지고 책 내용의 반의 반만 실천을 해도 전 세계 어느 기업에 못지않은 경쟁력을 가질 수 있으며, 그 조직은 살아서 숨 쉬는 건강한 조직이 될 것이고, 국민과 국가 경제에 밑거름이 되는 기업이 될 것이라고 믿는다. 자신의 직급에 관계없이 기업인이라면 누구나 한번 꼭 읽어 보라고 권하면서 더 이상의 책 소개는 하지 않겠다.

▎'정치인'을 태우고 개혁을 하면 실패한다

지금 다시 이 책을 곰곰이 읽어 보면 안타까운 생각이 많이 든다. 회장은 분명하게 그룹이 나아가야 할 방향을 제시하고 전 조직과 사원 개개인이 지녀야 할 마음가짐과 자세를 당부했는데도 현실은 이것이 잘 먹혀 들어가지 않고 있는 것 같다. 몇 년 동안 시간을 주고 책을 통해서, 방송을 통해서, 교육을 통해서 강조했건만 개혁은 뒷걸음치고 있는 듯하다. 여기에 대해서는 삼성에서 더 연구하고 나름대로 대응을 하겠지만 나의 미천한 생각으로 하나만 조언을 한다면 '관리의 삼성'과 '신경영'이 공존하기가 어렵다는 것이다. 물론 관리도 잘하고 개혁도 잘하면 더 이상 좋을 것이 없겠지만 둘 중 하나만 잘하기도 힘든 것이 바로 '조직'이다.

불쑥 이런 말을 하면 이상하겠지만 '관리의 삼성'에는 전형적인 '정치인'의 틀을 갖춘 관리형 인물이 많이 있는데, 이런 정치인들이 거듭나지 않는 한 삼성의 개혁은 단 한 발자국도 나가지 못한다. 이제까지 그랬던 것처럼 말이다. 여기서 '정치인'이란 자신의 본업 이외의 일로 자신의 인생에 승부를 거는 사람들을 일컫는 말이다. 자신의 본업에 자신의 모든 것을 걸고 소위 '베팅'을 한 후에 그것이 잘 안 되면 책임을 지면 그만이다. 성공할 확률을 높이기 위해서 끝없이 고민하고 시도하고, 또 책임을 지는 사람이 필요하다. 그런데 관리를 잘 하는 사람은 '베팅'을 할 필요가 없으며, 또 '베팅'을 극도로 회피한다. 상사가 무엇을 바라는지 잘 파악해서 결론을 거기에 맞추어만 주어도 되는데 베팅을 할 필요가 없는 것이다.

경영진은 물론이고 과장 정도만 되어도 벌써 물이 들어 버린 사람이 많다. 팀 단위로 정보회의를 만들고, 체육대회에서 임원이 흐뭇해할 수 있도록 새로운 아이디어를 내고, 한 가지 일밖에 하지 않는 박사나 전문인력을 무능력한 사람으로 몰고, 고객에게 입히는 불편이나 동료들이 입는 불이익에도 침묵만 지키는 사람들이 도처에 깔려 있다. 우리나라 정치판을 보면 누구나 알겠지만 '정치인'을 그대로 태우고 개혁의 돛을 올려 보았댔자 무의미한 일이다. 시간 낭비일 뿐이고 그 잃어버린 시간 때문에 결국은 휘청거리게 될 것이다.

이건희 회장이 가장 잘한 일

아무리 생각해 보아도 '우리나라는 기업은 2류, 행정은 3류, 정치는 4류'라는 말은 우리 모두가 가슴속에 깊이 새기고 자신을 반성하는 거울로 간직해도 좋은 옥과 같은 말이다. 이건희 회장에게 당시에도 지금도 이 점에 대해서는 박수를 보낸다.

▌'보잉 747론'

이제까지도 관리의 삼성에서 개혁이 외형에 나타나는 것만큼 진행되지 않는 것이 문제였지만 지금은 개혁이 아예 말라 죽고 있다는 느낌이 든다. 그 모든 것은 '정치인'들이 IMF라는 상황 하에서 위기론을 내세우면서 개혁의 배를 거꾸로 끌고 가고 있기 때문이라고 생각한다. 한 가지 예를 들어 보자. IMF 하에서 전문인력에 대한 정책, 그리고 여성에 대한 정책, 도덕성에 대한 중요성이 IMF 이전과 비교해서 달라져야 할 이유가 없는데도 지금 보면, '경제가 이렇게 어려운데 무슨 얼어 죽을 놈의 전문가이고 여성이고 도덕성이냐?'라는 생각이 팽배해 있는 것 같다. 지난 약 5년 동안 삼성이 어렵게 추진해 오던 한발 앞선 사상과 정책들이 하루아침에 흔들리고 있는 것이다. 그러나 이제 와서 그 가치관이 흔들리고 후퇴하면 언제 다시 그것을 되돌려 놓겠는가? 지금 이대로라면 앞으로 10년 이내에는 꿈에도 생각지 못할 개념들인 것이다. 이제부터라도 잘 판단해야 한다. 여성, 전문가, 도덕성 등의 가치는 긴 세월 동안 숨겨져 있던 것을 이제야 겨우 찾아내었을 뿐이다. 그 가치가 IMF나 경제위기로 희석되어서는 안 된다고 생각한다.

IMF 하에서 경제가 어려운 만큼 여성은 한층 더 위축되고, 전문가들에 대한 대우는 좀 더 야박해지며 도덕성은 보다 더 무시되는 것이다. 그러니 IMF 전이나 후나 줄일 것은 줄이 되 모든 것을 같은 비율로 줄여야지, '정치인'들보다 '비정치인'들의 숫자와 가치관을 상대적으로 더 높여 줄여서는 안 된다는 말이다.

이건희 회장이 목이 터지게 강조한 것 중의 하나가 '보잉 747론'이다. 보잉 747이 일단 활주로를 달려 공중으로 뜨면 불과 몇 분 안에 곧바로 1만 미터까지 올라가야 한다. 만약 그 시간 안에 올라가지 못하거나 중간에 멈추면 그대로 추락하거나 공중 폭발을 하고 만다는 것이다. '개혁'이라는 것도 한번 시작한 이상 속도를 늦추거나 멈추면 다시는 가고자 하는 방향으로 갈 기회가 없다는 것이 바로 '보잉 747론'이다. 그런데 분명히 지금은 개혁의 속도가 느려지는가 하면 뒷걸음질까지 치고 있다는 느낌이다. 그러면 분명히 공중 폭발한다고 경고했었다는 것을 잊어서는 안 된다.

▌5년간만 제대로 개혁을 했더라면

나에게 있어 '개혁'이라는 말을 들으면, 잊히지 않는 아쉬움이 하나 있다. 한때 국민의 우상이었던 김영삼 전 대통령은 집권 초기에 엄청난 개혁을 단

행했다. 국민들은 그 정부에 절대적인 신임을 주었고 돈 없고 힘없는 서민들은 모든 것이 자신들의 세상인 듯 기뻐했다. 그때 내가 바랐던 간절한 소원은 그 대통령이 다른 것은 하나도 안 하고 5년 동안 '개혁'만 하다가 '개혁 대통령'이란 말만 듣고 나가길 바랐었다.

대통령은 정치 발전은 물론 경제도 다져야 하고, 국제사회에서 대한민국의 위상도 높여야 하며, 국가 발전의 백년대계 인교육도 정상화시켜야 하는 등의 논리를 펴기에는 우리나라 부정부패의 골이 너무도 깊기 때문이다. 한 번씩 나라를 떠들썩하게 하는 모든 부정부패를 보라. 10년, 20년 전부터 있어 온 문제들이고 초등학생들조차 뻔히 아는 일들이다. 그런 일 들이 어쩌다가 터지고 나면 온 나라가 떠들썩하지만 조금 있으면 또 망각한다. 나는 우리나라 부정부패의 고리를 끊으려면 몇십 년은 대통령이 '개혁'만 해야 한다고 본다. 그 정부의 개혁은 채 몇 개월도 지속하지 못했다. 만일 기득권 세력이 움츠러들어 경제가 위축되고 이런저런 불만이 나오더라도 5년 동안 개혁만 추진했다고 가정해 보자. 단기적으로는 경제에 마이너스 효과가 있었을지라도 지금쯤은 기업도 국민도 필요 없는 비용 부담을 줄일 수 있어 장기적으로 훨씬 큰 국가 발전의 원동력이 되지 않았을까? 어쨌든 그 당시의 개혁은 일찌감치 물 건너갔고 지금 우리나라의 현실은 개혁을 소리 높여 외치기에는 상황이 좋지 않다. 그럼에도 불구하고 우리나라의 미래를 생각하면 언제 해도 개혁만큼은 반드시 쉬지 않고 추진되어야 하는 것은 분명하다. 문제는 그 개혁을 '정치인'이 해 나가길 바라는 것은 낙타가 바늘구멍에 들어가는 것보다 어렵다는 데 있다. 갑자기 삼성과 관계없는 이야기를 했다는 생각이 들지만, 개혁의 중요성은 기업이든 국가든 마찬가지라는 점을 말하고자 했을 뿐이다.

▌이건희 회장이 가장 잘한 일

1995년 4월이면 내가 있던 부서에서 중국 북경에 삼성생명 주재사무소를 세웠을 때라고 생각된다. 당시 사무소 개소식 준비로 우리 부서는 약 한 달 동안 정신을 차릴 수 없을 만큼 바빴다. 사전에 북경에 갔다 오기도 했고, 행사 때에는 거의 모든 부서원이 북경으로 가서 며칠 밤을 새워 가며 개소식 준비를 했다. 그 덕분에 개소식은 아주 잘 치러진 것 같았다. 기억은 희미하지만, 북경 사무소 개소식을 즈음한 것으로 추측된다. 이건희 회장이 북경에서 '폭탄 발언'을 해서 그룹은 물론이고 전 재계를 긴장시켰다. "우리나라는 기업은 2류, 행정은 3류, 정치는 4류다."라는 내용의 발언을 했던 것이다. 말은 바른 말이었지만 국내 정치인들의 감정을 상하게 한 것은 물론이었고, 심지어는 일반 사원들까지도 회장이 너무 파격적인 발언을 한 바람에 그룹이 심대한 불이익을 받지는 않을까 하는 우려의 목소리를 냈었다. 이건희 회장은 당시 국가 경쟁력을 높이려면 국민·정부·기업이 삼위일체가 되어 열심히 노력해야 하고, 그 틀을 짜는 데 필요하다 싶어서 한 말이 정부를 비판하고 정치권을 매도하는 내용으로 잘못 알려졌다고 말했다. 그 속사정은 잘 모르지만 지금 와서 생각해 보면 대한민국의 현 상황을 초래한 원인을 가장 잘 규명하고 표현한 말이라고 생각된다. 5년 전에 이건희 회장은 우리나라를 이토록 어렵게 만들 주범이 정치인, 행정 관료, 기업인이라는 것을 예상하고 말한 것이라고 본다.

그렇지만 안타깝게도 우리나라에서 이런 발언을 하고 온전하게 버틸 수 있는 사람이 어디 있겠는가? 그 주장을 지속적으로 펴기는 힘들었다고 본다.

아무리 생각해 보아도 '우리나라는 기업은 2류, 행정은 3류, 정치는 4류'라는 말은 우리 모두가 가슴속에 깊이 새기고 자신을 반성하는 거울로 간직해도 좋은 옥과 같은 말이다. 이건희 회장에게 당시에도 지금도 이 점에 대해서는 박수를 보낸다.

삼성이 명심해야 할 회장의 말들

나는 사람을 물리적으로 줄이는 합리화에는 반대한다. 경영이 조금 어렵다고 사람을 줄여서 해결하겠다는 안이한 발상은 종업원들의 심리적 반발을 사고 그들의 사기를 떨어뜨릴 뿐 회사 발전에 전혀 도움을 주지 못한다.

《이건희 에세이》에 있는 회장의 말을 일부 모아 보았다. 이 문구들이 회장의 진심이라면 그동안 밑에 있는 사람들이 잘못한 것이고, 앞으로는 유념해서 잘 지켜 나가도록 모든 힘을 경주해야 한다고 믿는다. 회장도 경영진도 사원들도 한 구절 한 구절이 얼마나 현실과 다른지, 그 차이가 얼마나 큰지 가슴에 손을 얹고 반성해 보아야 한다고 생각하는 것이다. 그리고 삼성뿐만 아니라 다른 기업에서도 참고로 해도 결코 자존심이 상하거나 손해를 볼 일이 아니라고 생각한다.

• 나는 평소 임직원들에게 실패를 두려워하지 말고 일을 저질러 보라고 적극 권하고 있다. 세간에는 삼성이 돌다리도 두드려 보고 건넌다고 하지만 나는 임직원들에게 돌다리는커녕 나무다리라도 있으면 건너가라고 한다. 위험을 각오하고 선두에 서서 달려가야 기회를 선점할 수 있

기 때문이다.

- 과거 기업에서는 '일하는 데 머리만 있으면 되지 마음이 무슨 소용인가?' 하는 생각이 지배적이었다. 모든 평가가 업적과 능력에만 기준을 두고 상사에 의해 일방적으로 이루어 졌기 때문에 '해바라기형 관리자'를 양산했던 것이다.

- 회의 시 토론은 실종된 채 일방적인 상의하달식 지시 사항만 쏟아지는 것은 이미 익숙한 풍경이다. 그래서는 안 된다.

- 아랫사람에 대해서는 전혀 신경 쓰지 않고, 윗사람에게만 굽신굽신거리는 사람이 결과적으로 '더 잘나가는' 왜곡된 현상도 너무나 자주 본다. 지도층의 권위주의는 사회의 공적(公敵)이라 할 수 있다.

- 사람의 유형을 보면 우선 '예스맨'과 '소신파'를 들 수 있다. 예스맨은 해바라기형으로 언제나 듣기 좋은 말만 한다. 그러나 자기의 소신은 없다. 문제는 숨기고 본질에 대해서는 모르거나, 알더라도 말하지 않는다. 소신파는 일에 대한 자부심이 있고 프로 기질과 책임감도 있다. 당당하게 주장을 한다. 고집이 세서 타협이 어렵지만 어려울 때에 힘이 되는 쪽은 역시 소신파이다.

- 제2창업을 선언하고 몇 년이 지나도 달라지는 것이 없었다. 50년 동안 굳어진 체질이 너무도 단단했다. 경영자들은 변하지 않고, 회사 간, 부서 간 이기주의는 보일 정도가 되어 소모적 경쟁을 부채질하고 있었다.

- 근거 없는 두려움과 이기주의 때문에 현실성이 없다는 이유만으로 건전한 제안과 건의를 무시해서는 안 된다.

- 개인과 기업을 막론하고 남을 속이고 기만하는 이류 행동, 이류 경영으로는 승리를 기대할 수 없다. 신용과 신의라는 에티켓만이 진정한 승리

삼성인 샐러리맨
삼성문화 대기업문화

를 가져다줄 것이다.

- 복잡한 세상에 답이 하나일 수는 없다. 다양성을 수용하는 가치관을 갖고 모순을 조화시키는 한 차원 높은 경영이 필요하다.

- 그동안 우리나라 기업들에서 발생한 수많은 노사 분규의 가장 큰 이유 중 하나도 바로 정보 독점, 즉 비밀주의였다. 노사 모두가 회사의 경영 상태를 정확히 파악하고 있다면 양자의 대화는 원만하게 이루어질 수밖에 없을 것이다. IBM, GE 같은 대기업이 어려움에 처했을 때 수만 명의 직원을 일시에 해고하고도 부작용을 최소화할 수 있었던 것은, 평소 종업원들이 자기 회사의 경영 상태를 잘 이해하고 감원 조치를 무리 없이 받아들일 수 있었기 때문이다.

- 기업이 잘되려면 모든 정보를 공개해야 한다. 나는 회사의 정책 방향과 경영 현황에 대해 경영층이 정기적으로 종업원들에게 직접 설명해야 한다고 생각한다.

- 기업은 국가와 국민을 위해 일해야 하고, 국제사회에서 평이 좋아야 한다. 나 자신도 기업을 경영하는 한 사람으로서 과연 홍익인간의 정신에 충실해 왔는지, 모자람은 없었는지 자문하면서 때때로 스스로를 채찍질할 때가 많다.

- 최선을 다하는 정신, 정정당당한 페어플레이, 규칙과 에티켓을 존중하는 스포츠 정신이야말로 우리 사회에 필요한 덕목이자 가치라고 생각한다.

- 나는 지금까지 기업을 경영해 오면서 사람의 인격을 무시하거나 차별하는 것을 용납하지 않았다.

- 가장의 역할을 충실히 하고 가족들과 자주 대화하자. 삶의 질을 높이려

면 가정과 직장, 사회 간의 조화를 꾀하는 것이 중요하다.

- 나는 사람을 물리적으로 줄이는 합리화에는 반대한다. 경영이 조금 어렵다고 사람을 줄여서 해결하겠다는 안이한 발상은 종업원들의 심리적 반발을 사고 그들의 사기를 떨어뜨릴 뿐 회사 발전에 전혀 도움을 주지 못한다.

- 나는 개인적 이해가 조직의 이익에 우선하고, 타율과 획일, 이기주의와 흑백 논리, 불신 풍조에 깊이 젖어 잘못된 것을 알면서도 아무도 책임지려 하지 않으며 문제의식조차 못 느끼는 도덕 불감증에 걸려 있는 현실이 안타까웠다.

- 양질의 인재를 활용하지 못하고 내보내는 것은 경영의 큰 손실이다. 부정보다 더 파렴치한 것이 바로 사람을 망치는 것이다.

- 21세기형 경영자는 혁신을 추구해야 한다. 그런데도 우리 주변에는 변화 기피형 경영자가 더 많다. 스스로 혁신에 앞장서기는커녕 부하가 새로운 일을 시도하는 것까지도 여러 가지 이유를 들어 좌절시킨다. 결국 부하들은 지시받은 일에만 매달리고 조직 전체적으로는 나 몰라라 하는 분위기가 만연된다.

- 우리나라의 경우에도 30년 전의 100대 기업 중 아직까지 살아남은 기업은 16개에 불과하며, 10대 기업 중에는 하나도 남은 것이 없다. 우리 경제가 고도 성장기에서 안정 성장기로 접어들면서 경영환경에 지각 변동이 일어나는데 제대로 적응하지 못하는 많은 기업이 도산할 것이다.

- 나의 바람은 삼성이 일류 기업이 되어 일류 국가, 풍요로운 가정을 만드는 데 보탬이 되는 것이다. 나아가 최고의 제품과 서비스를 창출해서 한 국가를 넘어 인류 사회에 공헌하는 것이다.

❙ 회장의 지시는 와전되어 전달된다

앞에서 이건희 회장이 '우리나라는 기업은 2류, 행정은 3류, 정치는 4류'라는 말을 했다가 그 말이 진정 얼마나 중요한 의미를 갖고 있는가에 대한 평가는 받지 않고, 정부를 비판하고 정치권을 매도하는 의미로 해석되는 바람에 곤욕을 치렀음을 보았다.

"7시에 출근해서 4시에 퇴근하는 7·4제를 지시했다. 출퇴근에 소요되는 시간을 줄이고, 근무시간에 집중적으로 일해서 남는 시간은 자기 계발에 쓰자는 취지다. 그런데 며칠 후 확인해 보니 7·5제로 바꿔서 시행하고 있었다. 이유인즉 그때까지 관례적으로 지급하던 시간 외 수당을 안 줄 수가 없어서 근무 시간을 1시간 더 늘렸다는 것이다. 그래서 다시 7·4제로 하라고 했더니 이번에는 시간 외 수당을 안 주기로 했단다. 지금은 1시간 일을 더 시키거나 돈 얼마를 아끼는 것이 중요한 시기가 아닌데, 담당 임원을 불러 호통을 쳐서 본래대로 7·4제를 시행하도록 했다. 시스템을 바꿔서 사람의 의식을 바꿔 보자는 내 뜻을 이해하지 못하는 것 같아 야속함을 느꼈고, 또 무엇을 바꾼다는 것이 쉽지 않음을 절감했다."

회장은 이런 말까지도 한 바가 있다. 삼성인, 특히 삼성생명에서 사원들이 회장에 대해 듣는 이야기와 그에 대해서 어떻게들 생각하고 있는지를 여과 없이 몇 개만 이야기하고자 한다.

실제로 그렇게 했느냐에 초점을 두기보다는 사원들이 그런 이야기를 한다는 것에 의미를 두기 바란다.

▎사원들이 하는 회장 이야기

- 회장은 많은 면에서 평범하지 않다. 그것이 좋은 의미이든 아니든을 따지기 전에 보통 사람과는 다른 비범한 면이 많다.

- 회장은 자동차광이다. 돈이 많으니까 새로 나온 차는 무조 건 다 사서 타 보고, 듣어 보니까 자동차에 관한 한 전문가 못지않다고 한다.

- 회장이 어느 날 자가용에 탔다. 그런데 갑자기 뒷바퀴 바람이 빠졌다고 운전기사에게 말했다. 운전기사는 그럴 리가 없다고 생각했으나 나중에 기계로 기압을 재어 보니 정말 미세하게나마 바람이 빠져 있었다. 자동차에 관한 한 감으로 바람이 빠졌다는 것을 알아차릴 만큼 전문가였던 것이다.

- 회장이 컬러 TV 공장을 시찰했다. 모니터를 보고는 화면에 붉은 색상이 너무 많다고 지적했다. 다른 사람들이 보기에는 전혀 그런 점이 없었다. 나중에 전문가들이 첨단 기계를 사용해서 화면을 분석했더니 정말로 붉은 색상이 많이 들어가 있었다고 한다.

- 회장이 IOC 위원으로 당선되기 위해서는 유럽에서 인기를 얻어야 했는데, 그 방법이 개를 사랑한다거나 경마에 조예가 깊다는 것을 보여 주는 것이었다.

- 삼성이 일본의 경영시스템을 그대로 들여오는 것은 회장이 일본파이기 때문이다. 일본에서 유학을 했을 뿐 아니라 신년 구상은 항상 일본의 모 호텔에서 일본의 도시 풍경을 내려다보면서 할 정도로 일본을 모델로 상정하고 있는 것이다.

- 100층짜리 건물을 짓고 그 안에 사무실과 아파트를 함께 넣어 아침마다

회의를 소집하면 사생활 침해가 아닌가?

• 회장이 자녀들 교육까지 책임지겠다고 하는데, 왠지 꺼림칙하다.

▌삼성생명도 망할 수 있다

마음속으로부터 회장과 삼성인에게 꼭 한마디만은 하고 싶은 것이 있다. 그것은 다름이 아니고 '삼성생명도 망할 수 있다.'라는 것이다. 망한다는 것은 더 잘될 수도 있는 회사가 능력을 제대로 발휘하지 못하는 것도 포함된다고 할 수 있다. 아무리 생각해 보아도 충분히 그런 가능성이 있는데도 그 말을 진지하게 생각해 줄 사람이 얼마나 될까 싶다.

▌삼성생명이라는 저수지의 물꼬를 바로 터 주길

삼성생명 양대 축 중의 하나인 자산운용부문의 경쟁력이 낮은 편인데도 불구하고 오늘날의 삼성생명이 있는 것은 삼성생명이 지금보다 몇 배나 더 클 수 있는 '저력이 있다는 반증'도 된다고 본다. 그동안 그 엄청난 저력이 어디로 흘러가야 할지 방향을 못 잡았다는 생각이 든다. '삼성생명'이라는 거대한 저수지 속에 우수한 자질의 '삼성인'이 충만해 있다고 본다. 누군가가 거기에 조그만 '물꼬'만 터 주면 그 엄청난 저력이 한 방향으로 터져 나갈 것이라고 믿는다.

▌'정치인'도 한마음으로

그리고 나는 이 책에서 '정치'에 물든 사람들을 많이 비판했다. 그렇지만 세상이 변하고 나아갈 방향이 정해지면 그런 사람이 가장 먼저 적응하고, 삼성생명의 경쟁력을 앞장서서 끌어올릴 것이라고 믿어 의심치 않는다. 경험적으로 볼 때에 그런 사람들의 능력이 그렇지 않은 사람들보다 더 뛰어나다고 판단되기 때문이다.

▌삼성 배지를 자랑스럽게 달고 다니길

1997년 말부터 삼성 사람들이 삼성 배지를 잘 달고 다니지 않는 것 같고, 회사에서도 별로 강요하지 않는 듯하다. 스스로 책상 서랍 속에서 잠자고 있는 배지를 꺼내서 자랑스럽게 달고 다니기를 바란다.

▎ '달리는 기관차'를 세울 사람은

'달리는 기관차'를 잠시 세워서 비뚤어진 철로를 바로 놓은 후 다시 힘차게 시동을 걸 수 있는 기관사가 누구인지를 잘 생각해 주기를 바라면서 이 글을 마무리하고자 한다.

삼성인 샐러리맨
삼성문화 대기업문화